全国高等职业院校空中乘务专业"十三五"规划教材

U0732447

民航职业形象设计

吕松涛　主　编

曾雪艳　副主编

中国民航出版社

图书在版编目（CIP）数据

民航职业形象设计/吕松涛主编．—北京：中国
民航出版社，2019.3
ISBN 978-7-5128-0648-1

Ⅰ．①民…　Ⅱ．①吕…　Ⅲ．①民用航空-乘务人员-
形象-设计-高等职业教育-教材②民用航空-地勤人员-
形象-设计-高等职业教育-教材　Ⅳ．①F560.9

中国版本图书馆 CIP 数据核字（2019）第 022113 号

民航职业形象设计

吕松涛　主编
曾雪艳　副主编

责任编辑	杨玉芹	
出　版	中国民航出版社　（010）64279457	
地　址	北京市朝阳区光熙门北里甲 31 号楼　（100028）	
排　版	中国民航出版社录排室	
印　刷	北京博海升彩色印刷有限公司	
发　行	中国民航出版社　（010）64297307　64290477	
开　本	787×1092　1/16	
印　张	10.75	
字　数	260 千字	
版印次	2019 年 5 月第 1 版　2019 年 5 月第 1 次印刷	

书　号	ISBN 978-7-5128-0648-1
定　价	45.00 元

官方微博　http://weibo.com/phcaac
淘宝网店　https://shop142257812.taobao.com
电子邮箱　phcaac@sina.com

全国高等职业院校空中乘务专业系列教材
企业专家指导委员会名单

吕松涛（北京翔宇通用航空集团董事长）

张玉香（中国国际航空公司原主任乘务长、翔宇航空学院高级顾问、翔宇航空技工学校高级顾问）

崔金生（民航华北地区管理局飞标处原副处长、北京翔宇通用航空有限公司高级顾问）

宋伍满（中国民用航空北京安全监督管理局飞标处原处长、翔宇航空学院高级顾问、翔宇航空技工学校高级顾问）

刘卫国（民航华北地区管理局原人劳处处长）

刘　韧（北京南苑机场安检站副站长）

林卫东（桂林两江国际机场安检站副站长）

李建宗（中国国际航空公司地服部原指挥长）

曹金命（北京首都国际机场原安检站培训主管、安检鉴定专家，翔宇航空学院高级顾问、翔宇航空技工学校高级顾问）

许　平（中国国际航空公司原主任乘务长、翔宇航空学院高级顾问、翔宇航空技工学校高级顾问）

张根立（陆军航空兵学院飞行训练基地原主任、陆军航空兵学院原副院长、北京翔宇通用航空有限公司总经理）

霍海亮（空军第四飞行学院飞机发动机原主任、副大队长，海南航空学校有限责任公司原维修工程部总经理，北京航盾飞机维修有限公司总经理）

彭　辉（北京飞机维修有限公司原高级工程师、北京航盾飞机维修有限公司副总经理）

本书编写组

主　　　编　吕松涛

副　主　编　曾雪艳

编写组成员　赵　琳　王玉涵　李春响
　　　　　　梁修涛　张火星　宋　锐
　　　　　　葛　妍　史冬梅

序言 Preface

      "全国高等职业院校空中乘务专业'十三五'规划教材"是为了适应当前我国民用航空业的快速发展，响应国家教育部门关于办好职业教育的伟大号召，坚持教育与行业需求紧密结合的正确理念，培养民用航空优秀人才，更好地服务于中外旅客而编写的。

      在各种交通运输方式中，民航业有其鲜明的行业特点：民航旅客对服务质量、服务效率要求很高；行业集中体现高端的科学技术水平，具有国际化和跨地域经营的特点。因此，其用人标准也较于其他行业更加严格，要求从业人员具有较高的职业素养和专业水平，尤其是客舱服务标准和要求越来越高。改革开放以来，中国民航发展迅猛，正在从民航大国走向民航强国，走出去、请进来的宾客源源不断。这就更加要求民航的从业者要努力提高服务意识和业务能力，才能在航空服务的激烈竞争中立于不败之地。

      本系列教材是由航空公司资深乘务专家、航空公司培训部乘务训练中心资深教员和高等院校从事多年教育工作的经验丰富的教师多方面力量精诚合作的结果，体现了教育改革的创新理念，更具有科学性、创新性和实用性。编者在总结教学实践经验的同时又做了大量的调研工作，并结合高等职业院校教学的规律和学生的特点，对知识进行了整合，既有理论又有实操，而且更加注重学生技能的训练。

      本系列教材包括《民航服务礼仪》、《民航服务人员形体训练》、《民航职业形象设计》和《民航客舱服务基础教程》，均侧重于技能训练，重点培养学生的实践能力。

      本系列教材的编者基本上来自于航空服务一线岗位的专业人士和航空教育战线经验丰富的资深教师，他们均有多年的工作心得和教学实践经验。为了能够使学生更好地理解知识点，教师们在使用该教材时能够得心应手，教材中有大量的案例和教学指导方法，充分体现了以教师为主导、以学生为主体的教学理念。

      本系列教材除了以上特点外，在编写体例上也严格按照高等教育教材系统性、完整性和规范性的要求，每一章节都设有学习目标和思考题，以满足学生的自学和预习要求。

本系列教材在学院领导的支持和关心下，在行业专家的帮助下，在中国民航出版社的具体指导下，经过一年多的努力终于可以展现在读者面前，在此一并致以诚挚的谢意。

由于编写人员大多是来自一线的工作人员，在时间紧、任务重的情况下，书中难免有不足之处，欢迎广大读者和专家批评指正。

"全国高等职业院校空中乘务专业'十三五'规划教材"编写委员会

2018 年 10 月

　　乘务员应当具备良好的形象和较高的素质，做好航空公司的代言人。人们将一个人与另一个人第一次见面时留下的印象叫"首因效应"，又称"第一印象"。乘务人员的形象直接影响到国内外旅客对乘坐的航班所属航空公司的第一印象，在人们的脑海中将"空姐"定格为温文尔雅、端庄秀丽、美丽大方、善解人意、亲和可人等良好的形象。这在某种程度上体现了一个国家、一个民族的整体风貌，同时也代表了航空公司的形象。

　　而对于代表国家和航空公司形象的民航乘务人员而言，良好的外表形象则显得尤为重要。自古以来，人们从来没有停止过对美的追求，为了扬长避短，美化容颜，人们通过化妆对面部和五官进行修饰，通过服装、首饰等装扮出良好的形象，从而提升个人的综合魅力。乘务人员的形象塑造所蕴含的内容是极其丰富的，乘务人员的化妆也有着行业的特定要求。

　　爱美之心，人皆有之。从古至今，人们喜欢通过涂脂抹粉、修眉饰黛、点脂画唇、粘贴花子、做各种发型等来美化自己。洁白的肌肤、和谐的妆容、甜美的微笑，洋溢的是健康与自信、优雅与智慧之美并存。美容化妆已成为一种文化，一门科学，体现出一种生活的态度和艺术追求。人们在对美的不断追求中了解自己，又在创造美的同时让生活品质升华。对于女性而言，美丽与魅力是自信的源泉。美，既要有令人赏心悦目的外表，也蕴含着个人的品位、素质、审美情趣和对生活的热爱。

　　美容化妆是生活美容的一部分，适度而得体的化妆，可以体现出女性端庄、美丽、温柔、大方的独特气质。正确的美容，可以使人达到扬长避短、锦上添花的效果。本教材从美容的起源与发展写到美容与化妆的基础知识，从基础的护肤知识写到化妆的技巧，表明拥有健康、美丽的外表既是所有人的追求，也是人们不断探索的领域，达到健康美容的境界，引领人们去探索和塑造属于自己的美的世界。

本教材依据乘务人员以及机场其他岗位人员带妆上岗的要求，结合乘务人员自身的着装特点而编写。本教材由曾雪艳担任副主编，赵琳、李春响、王玉涵等共同参与编写。

本教材共分九章，从化妆发展史概述、各类皮肤的护理、色彩的基础知识、矫正化妆及实用妆容等多个角度，充分诠释乘务员形象设计的内涵，详细讲解了有关乘务人员的职业装扮、各类化妆手法、养发护肤等技巧。从乘务员的基础化妆到矫正化妆，将理论知识与实操练习由浅至深地结合起来；通过皮肤护理与保养、美容、化妆品常识、空乘标准发型设计等多个角度，充分阐明了乘务员形象塑造的完整性、科学性以及美容化妆的实用性等特点。本教材配有彩色图片，版面灵活，提高了阅读性，有利于学生对所学知识的理解和掌握。每章结束后，增加了实训项目，充分体现高职高专培养高素质技能型人才的目标，有利于高职高专的教学和学习。本教材既能使乘务人员了解和掌握化妆技巧与个人形象设计的实质，又能使他们的实操能力得到锻炼和提高，从而发挥真正意义上的指导作用，帮助民航服务从业人员成为"美的化身"，成为民航业"职业形象的代言人"。

由于编写时间仓促，加之编写水平有限，不足与疏漏之处在所难免，敬请广大读者批评指正。

编者

2019 年 4 月

目 录　Contents

第一章 化妆史概述

第一节 我国化妆的起源与发展

我国是一个有着五千年悠久历史和文化的文明古国。从爱美之心的萌发，发展到用饰物装饰身体，用颜色来美化容貌，用营养品来保护皮肤，贯穿于我国历史的整个过程。唐太宗说过这样一句话："以铜为镜，可以正衣冠；以史为镜，可以知兴替；以人为镜，可以明得失。"了解历史，可以使我们开阔眼界、陶冶情操。了解古今中外的美容历史，可以帮助我们理解和领略传统美容的意蕴，总结世界元素与美的规律，借鉴古人的美容成就，丰富现代美容的内容，让美容焕发出更加诱人的光彩。

一、原始社会时期

我国在原始社会就有了美容文化，在没有"化妆"这个术语时，我们的祖先就已经开始在身体上涂抹各种颜色。在我国现存最早的一批远古面妆文物中，有的面部有不同方向的花纹，有的面部仅简单几笔，有的面部则全部涂黑，这应是"绘面"的具体写照，也可以说是我国最初的化妆。化妆的起源可以从宗教、保护、装饰、身份等几个方面谈论，但仅用一种学说难以作出完整的解释，因为各个社会时期的主导文化不同，其起源说也各有不同。

1. 宗教学

宗教学是一种宗教行为，厌颜色、颜料、图案等驱病免灾，以祈求安康，于是提出化妆学说。

2. 装饰学

原始人类从自然界中受到启发，把花草、动物等图案以文身的形式描绘在皮肤上作为装饰来美化皮肤。

3. 标志身份学

为表示地位或阶层、性别或未婚和已婚等，人们以集体或个人的形式开始在皮肤上绘制图案。

4. 追求异性学

为了在异性面前展示自己的个人魅力而装饰身体，男女之间的爱情不管在古代还是现代，都是促进社会发展的推动力。

5. 保护学（伪装学）

人类为了在某种特定的环境中保护自身，伪装或隐藏身体，最后将这种保护的装扮发展成为一种美化手段。古人用动物的羽毛或尖嘴、动物骨头、植物色素来修饰脸部和身体，以求获得战争胜利，这种学说也称为"伪装学"。

原始妆容如图1.1、图1.2所示。

图1.1　原始妆容（1）

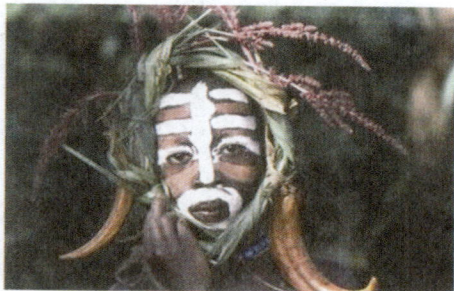

图1.2　原始妆容（2）

二、我国化妆发展史的八个时期

1. 夏商周时期

我国妇女化妆的习俗在夏商周时期就已经兴起。早在商周时期，甲骨文中就出现了"沐"字。《说文解字》注释说：沐，洗面也。在距今一千多年前，就有了"香汤沐浴"、"月粉妆梳"的描述。在殷纣时期，古人就开始用燕国当地红兰花捣汁凝成胭脂（当时叫燕支）；周文王时期有"周文王敷粉以饰面"等记载，记录了古代帝王护肤美容的方法，当时妇女也已经广泛使用锌粉擦脸。这都反映了古人对美的追求。

以白为美，已经成为当时的主流审美意识。眉形虽有宽窄之分，但长眉已经成为当时的时尚。人们普遍追求红唇。商周时期，化妆似乎还局限于宫廷妇女，主要为了供君主欣赏和享受的需要而装扮，直到春秋战国之际，化妆才在平民妇女中逐渐流行。殷商时，因配合化妆观看容颜的需要而发明了铜镜，更加促使化妆习俗盛行。

周代除了文身外，还出现了冒妆、唇妆、面妆等形式，以及妆粉、面脂、香泽、眉黛等化妆品。夏商周时期，以不着雕饰为美，崇尚刚健素朴、自然清丽的装扮，开辟了我国古代化妆史的新纪元，但化妆以粉白黛黑为主，被称为素妆时代。

（1）粉：春秋战国时期是用白色的米粉敷面作为修饰。

（2）朱：周代是用茜草一类的植物染色过的红色米粉，其色彩疏淡，用来打底涂面，白里透红。

（3）脂：是动物或植物种子的油脂，分为唇脂、面脂。唇脂有色，用来涂唇；面脂无色，用来涂面，主要作用是防寒润面。后来与粉同用，称"脂粉"。

（4）泽：是一种护发香膏。当时的人们先用淘米水洗发，利用淘米水中的碱性成分去除发垢，冲净后再涂膏泽。

2. 秦汉时期（公元前 221 年—公元 220 年）

秦朝统治只有短短的十五年时间，农民生活困苦，是没有时间打扮自己的，只有宫廷的妃子才会打扮自己。当时君王以红妆翠眉为喜，可见当时是以浓妆为美的。两汉时期，随着社会经济的高度发展和审美意识的提高，化妆的习俗得到新的发展，无论是贵族还是平民阶层的妇女都会注重自身的容颜妆饰。汉桓帝时，大将军梁冀的妻子孙寿便是以擅长打扮闻名。她的仪容妆饰新奇妖媚，使得当时妇女争相模仿。那时的妆型，已出现了不同样式，而化妆用品也丰富很多（如图 1.3 所示）。

1）铅粉

用铅、锡等材料经化学处理后加工成白色的粉末状物品。有固体和糊状两种。固体者常被加工成瓦当形及银锭形，称"瓦粉"或"定（锭）粉"，糊状者则俗称"胡（糊）粉"或"水粉"。（注意：瓦当是我国古代建筑中覆盖建筑檐头筒瓦前端的遮挡。特指西汉和东汉时期，用以装饰美化和庇护建筑物檐头的建筑附件。）

图 1.3 秦汉时期妆容

2）红粉

敷红粉，是化妆的第一个步骤。从秦代开始女子便不再以周代的素妆为美了，流行起了"红妆"，即不仅敷粉，还要施朱。敷粉亦并不以白粉为满足，又染红，成了"红粉"。红粉与白粉同属粉类，色彩疏淡，使用时通常作为打底、抹面。由于粉类化妆品难以沾于脸颊，不宜久存，所以当人流汗或流泪时，红粉会随之落下。

3）胭脂

秦代时期制作胭脂的主要原料为红蓝花。红蓝花也称"黄蓝"、"红花"，是从匈奴传入我国的。胭脂属于油脂类，黏性强，擦之则浸皮层，不易脱色。因此，化妆时一般在浅红的红粉打底的基础上，再在颧骨处抹上少许胭脂，从而不易随泪水流落或消退。发展到汉朝，红蓝作为最基本的胭脂成分依然被运用，同时重绛花、石榴花、山花以及苏芳木等成为制作胭脂的其他重要成分。绛也是一种红色的颜料，重绛花、石榴花以及山花的颜色都鲜艳亮泽，因而受到汉朝妇女的喜爱，于是她们尝试使用这些颜色改善传统的胭脂颜色，并且涂于眼周、面颊，给人留下红色面容的印象。

4）朱砂

朱砂的主要成分是硫化汞，并含少量氧化铁、黏土等杂质，可以研磨成粉状，做面妆之用。它是一种红色矿物质颜料，也叫丹，具有鲜艳的色彩效果，可用作唇脂、面妆。

5）黛

黛就是矿物质石墨。我国很早就发现了"石墨"这种矿物质，但古人却叫作"墨丹"（古时凡粉质的颜料都叫作丹，就不专指红色的丹而言，黑色的颜料也叫作墨丹）。因其质浮理腻，可施于眉，故后又有"画眉石"的雅号，在没有发明烟墨之前，男子用它来写字，女子则用它来画眉（称石黛）。石黛用时要放在专门的黛砚上磨成粉，然后加水调和，涂到眉毛上。后来有了加工的黛块，可以直接兑水使用。

6）唇脂

点唇最早起源于先秦，到汉代成为习俗。点染朱唇是面妆的又一个重要步骤。因唇脂的颜色具有较强的覆盖力，故可改变唇形。唇脂，"以丹作之"，古人在丹即朱砂中加入适量动物脂膏，起到防水的作用，并增加色泽，且能防止口唇皲裂，成为一种理想的化妆用品。

7）脂泽

脂泽是用于润肤、护发、涂唇的香膏。由于化妆用品的不断完善、齐全，已经可以满足各种不同风格的妆容需求。

按照当时的审美标准，已出现了以下五种风格的妆容：

（1）红妆

秦代流行。方法是敷粉后施朱。

（2）花钿妆

始于秦汉，亦称面花或花子，是一类可以粘贴在脸面上的薄型饰物。花钿是古时妇女脸上的一种花饰。花钿有红、绿、黄三种颜色，以红色为最多，以金、银制成花形，敷于脸上，是唐代比较流行的一种面饰。

（3）面靥妆

靥是施于面颊酒窝处的一种妆饰，也称妆靥。起初并不是为了妆饰，而是宫廷生活中的一种特殊标记。当某妃生理期来临，即在脸上点上小点，称为点痣，女史见了，即不用列名，后来逐渐成为一种妆饰。

（4）额黄妆

汉朝时流行的妇女的美容妆饰，因以黄色颜料染画或粘贴于额间而得名。我国古代妇女额部涂黄的风俗，起源于南北朝或更早些。它可能与佛教在我国的广泛传播有关，当时全国大兴寺院，塑佛身、开石窟蔚然成风。妇女们从涂金的佛像上受到启发，也将自己的额头染成黄色，久而久之便形成了染额黄的风习。南朝梁费昶《咏照镜》："留心散广黛，轻手约花黄。"唐崔液《踏歌词》之一："鸳鸯裁锦袖，翡翠贴花黄。"它们都是对此妆容的描写。

红妆如图 1.4 所示。花钿、斜红、面靥的位置如图 1.5 所示。

图 1.4　红妆

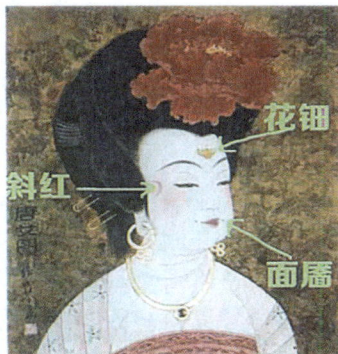

图 1.5　花钿、斜红、面靥的位置

（5）慵来妆

汉代出现的慵来妆薄施朱粉，浅画双眉，鬓发蓬松而卷曲，给人以慵困、倦怠之感，衬倦慵之美。相传始于汉武帝时，为武帝之妃赵合德所创。

3. 魏晋南北朝时期（公元 222—589 年）

魏晋南北朝时期，各民族经济文化交汇融合，加上世风习俗也经历了一个由质朴洒脱到萎靡绮丽的变化，使我国妇女的化妆技巧在此时期逐渐成熟，呈现出多样化的倾向。整体而言，妇女的面部装扮在色彩运用方面比以前更加大胆，妆容的形态变化也很大，而且女性以瘦弱为美。发型以各种髻为主，如百花髻、富荣归云髻，富人家的妇女插戴金、玉、玳瑁、珍宝等制成的簪钗，用鲜花作为装饰备受各阶层欢迎。这个时期妆态没有太多变化，主要有酒晕妆、桃花妆、飞霞妆。此外，还有一种特殊的妆饰称为"紫妆"。《中华古今注》记载魏文帝所宠爱的宫女中有一名叫段巧笑的宫女，时常"锦衣系履，作紫粉拂面"，当时这种妆法尚属少见，但可以看出古代紫色为华贵象征的审美意识。

1）红妆

秦汉时期的红妆依然盛行，特点是出现了锦胭脂、金花胭脂。锦胭脂是以丝绵蘸红蓝花胭脂而成，而金花胭脂则是以金箔、纸片等浸染红蓝花胭脂制成。两者在使用时都是用水化开即可。

2）白妆

始于南朝，只用白粉敷面，不施胭脂，突出素雅。意为女子居丧的妆饰（如图 1.6 所示）。唐代白居易《江岸梨花》中的"最似孀闺少年妇，白妆素袖碧纱裙"提到过此妆。同时，白妆也指淡妆和素雅的妆饰。

图 1.6　白妆

3）墨妆

始于北朝，特点是不施胭脂，直接用青黛化妆。《隋书·五行志》："朝士不得佩绶，妇人墨桩黄眉……皆服妖也。"古代有一故事：一妇人无意之中发明了墨妆笔，在使用化妆后外出时，突然天空出现乌云，一道雷电划过天空，原来女人化妆后的美貌，让雷神嫉妒。最后一道闪电让妇人香消玉殒。

4）梅妆

在额头上画一圆点或多瓣梅花状图形。宫女们觉得额头上装饰几朵梅花花瓣，更显娇俏，也学着在额头上粘花瓣，这种妆也就成了宫廷日妆。但腊梅不是一年四季都有，于是她们就用很薄的金箔剪成花瓣形，贴在额头上或者面颊上，叫作"梅花妆"。这种装扮传到民间，成为民间女子、官宦小姐及歌伎舞女们争相效仿的时尚妆容，一直到宋代都非常流行。

说到这儿，就不得不提南朝时期一则与妆容有关的故事——"寿阳落梅妆"。故事的主角是南朝宋武帝的女儿寿阳公主。传说她在正月初七那一天，躺在殿檐下睡着了，由于睡得太熟，梅花的花瓣落在她的额头上也没有被发现。醒来后，公主发现额头上留下了一朵梅花的印记，怎么都无法擦掉。宫女们非常吃惊纷纷跑来观看，觉得十分漂亮，于是都开始模仿，还起了一个好听的名字"寿阳落梅妆"。这种妆容所产生的影响已经不仅限于当时的社会，而是延续到了之后很长一段时间。到了唐宋两代，已经成为风尚，称为"花钿"或者"花子"。这时的"花子"已不是它刚出现时那么简单了，除了描画上去以外，还出现了用彩纸和非常薄的金属片剪成，再用一种阿胶贴上去的"花子"。其形状也越来越丰富，除了花卉，还有小动物等。

5）紫妆

始于魏朝，流行于南北朝。特点是用紫色的香粉敷面。在古代，紫色被认为是一种华贵的颜色，但在化妆方面的使用还较少。在魏晋南北朝这一时代，却开始采用。紫粉的制作方法为：紫粉多用米粉、胡椒粉和葵花籽汁制成，呈浅紫色。相传为魏文帝所宠爱的宫中女子段巧笑所发明。她最喜爱的打扮就是"锦衣系履，做紫粉拂面"。如图1.7所示。

6）晚霞妆

晚霞妆又叫"斜红"妆，特点是用胭脂在面颊两侧、鬓角之间描画月牙形或伤痕形妆饰，形状像晚霞将散，是魏晋南北朝时期比较著名的一种化妆方法。这种化妆方法是从魏文帝的宫中传出来的。深受魏文帝宠爱的宫女薛夜来，在刚刚进入魏王后宫的时候，有一天晚上去见文帝，文帝正在灯下看书，书桌前面放了一张透明的水晶屏风。薛夜来进来的时候，竟然一下子撞在屏风上，脸颊上红肿了一片，就好像将要散尽的红霞。真是歪打正着，宫女们发现女子的脸颊上殷红一片非常好看，就用胭脂在脸上涂画，还起了一个很好听的名字——晚霞妆。如图1.8所示。

图1.7　魏朝紫妆

图1.8　晚霞妆

7）额黄妆

南北朝时期最有特色的妆容要数额黄妆了。"眉心浓黛直点，额色轻黄细安"，一些妇女从佛像上受到启发，也将自己的额头涂抹成黄色，这就是额黄妆的由来。如果是用黄色的纸片或者其他的薄片剪成花的样子，粘贴在额头上，就成为"花黄"，这是当时妇女比较时髦的妆饰。《乐府诗集·横吹曲辞五·木兰诗》："当窗理云鬓，对镜贴花黄。"该诗句说的就是这种妆容。如图1.9所示。

8）花钿妆

魏晋南北朝时期依然流行，颜色、式样繁多。

9）酒晕妆、桃花妆、飞霞妆

酒晕妆：女子在化妆时，先施白粉，然后将胭脂在手心调匀，搽在两颊，浓者叫作酒晕妆。

桃花妆：色淡的称作桃花妆。

飞霞妆：先在面部涂抹一层胭脂，然后用白粉轻轻罩之，称"飞霞妆"，较适合老妇。

这三种妆容很接近，都属于红妆的演变。如图1.10所示。

图1.9　额黄妆

图 1.10　桃花妆、酒晕妆、飞霞妆

4. 隋唐五代时期（公元 581—960 年）

　　隋唐五代是我国古代史上最重要的一个时期，其中唐朝更是我国历史上最辉煌的一个时代。隋代妇女的装扮比较朴素，不像魏晋南北朝有较多变化的式样，更不如唐朝的多姿多彩。唐朝国势强盛，经济繁荣，社会风气开放，妇女盛行追求时髦。女子着妆较自由，这些女子都是浓妆艳抹，着意修饰。唐朝的女性社会地位提高，是我国历史上女权最高的一个朝代，也难怪会出现我国历史上唯一的女皇帝武则天。这个时期的审美意识是我国历史上最接近西方美的一个朝代，开放式的化妆风格也是这种审美趋向的构成部分。唐朝的化妆技术已经达到巅峰，拥有完整的化妆程序。

　　唐朝化妆顺序：敷铅粉、抹胭脂、画黛眉、贴花钿、点面靥、描斜红、涂唇脂。如图 1.11 所示。

第一步	第二步	第三步	第四步	第五步	第六步	第七步

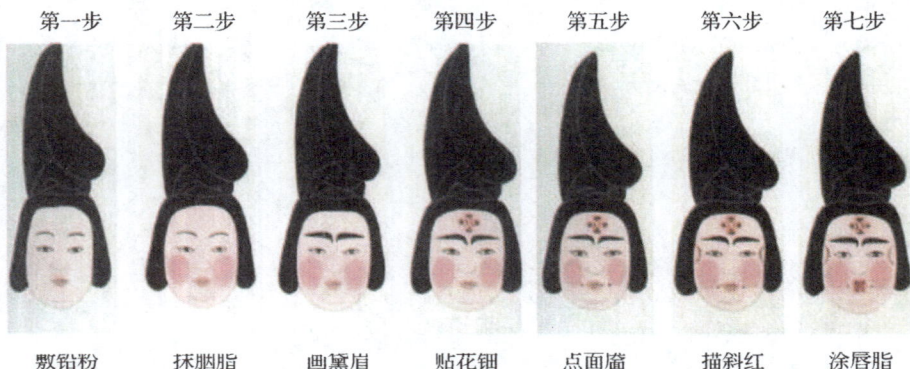

敷铅粉	抹胭脂	画黛眉	贴花钿	点面靥	描斜红	涂唇脂

图 1.11　唐朝化妆顺序

　　1）白妆、飞霞妆、晚霞妆

　　这三种妆容在隋唐五代时期依然流行。

　　2）红妆

　　当时最为流行。颜色、范围、位置变化多样，或染在双颊，或满面涂红，或兼晕染眉眼，华丽妩媚。

3）啼眉妆

在白妆的基础上，唇膏不是红色而是选用乌膏，画愁眉，给人一种忧伤感。白居易《代书诗一百韵寄微之》："风流夸堕髻，时世斗啼眉"。自注："贞元末，城中复为堕马髻、啼眉妆。" 如图1.12所示。

图1.12 啼眉妆

4）时世妆

唐宪宗元和年间（公元806—820年），著名的"元和时世妆"形成了。元和四年时，一首诗《时世妆—儆戎也》详细地描绘了这种装扮。

《时世妆-儆戎也》

时世妆，时世妆，出自城中传四方。
时世流行无远近，腮不施朱面无粉。
乌膏注唇唇似泥，双眉画作八字低。
妍媸黑白失本态，妆成尽似含悲啼。
圆鬟无鬓谁髻样，斜红不晕赭面状。
昔闻被发伊川中，辛有见之知有戎。
元和妆梳君记取，髻堆面赭非华风。

5）血晕妆

唐穆宗长庆年间（公元821—824年），又出现了更加怪异的"血晕妆"，将眉毛剃去，再在眼上下画几道血痕一般的横道。《唐语林·卷六》："长庆中，京城妇人去眉，以丹紫三四横，约于目上下，谓之血晕妆。"这种妆面一直流行到文宗前期（公元826—832年）。在安阳发现的文宗太和三年（公元829年）墓壁画中，可以看到，里面描绘的女性几乎全部都如此打扮，与记载丝毫不差。而在这前后墓葬中出土的陶俑，也是梳着各种夸张的高髻。如图1.13所示。

图1.13 血晕妆

6）北苑妆

南唐宫廷妇女的一种化妆方式。即将大小和形态各异的油茶花子贴在额头上。据说是李后主在妃嫔宫人的装束上想设计出一种新鲜的饰品，将建阳进贡的茶油花子制成花饼，或大或小，形状各异，令各宫嫔淡妆素服，缕金于面，用这花饼施于额上，名为"北苑妆"。妃嫔宫人，自后主创了"北苑妆"以后，一个个抛去了浓妆艳饰，都穿了缟衣素裳，鬓列金饰，额施花饼，行走起来，衣袂飘扬，远远望去，好似月殿广寒仙子嫦娥一般，别具风韵。如图1.14所示。

宋朝陶谷《清异录·妆饰》："江南晚季，建阳进油茶花子，大小形制各别，极可爱，宫嫔缕金于面，皆以淡妆。"以此花饼施于额上，时称"北苑妆"。

清朝陈孟楷《湘烟小录·陈丽娥紫姬哀词》："杨柳南朝树，芙蓉北苑妆。"

7）檀晕妆

檀晕妆不属于红妆。在古代，将胭脂与铅粉调匀后涂抹于整个面部，但这种妆粉不叫红粉，也不叫红铅，而称之为檀粉，因为经过调和已经变成了檀红，即粉红。以檀粉敷面，在当时称为"檀晕妆"（如图1.15所示）。从视觉效果来看，檀晕妆与红妆有明显的差异，前者在敷面前已经将脂、粉调和成一种颜色，所以色彩统一，整个脸颊的着色程度比较均匀，给人以端庄、文静之感；后者色彩较富于变化，给人以活泼俏丽之感。前者多施于中年妇女，后者多施于青年妇女。

图1.14 北苑妆

图1.15 檀晕妆

8）三白妆

在唐末五代的时候出现了一种特殊的画法——三白妆，也就是将额头、鼻子、下巴用白粉涂成白色。除此之外，耳朵下方涂白，与脸部的三白呼应。三白妆的作用是增强面部的立体感，类似于今天"提亮"的作用，只不过三白妆更加夸张。如图1.16所示。

9）赭面妆

是唐代吐蕃风俗。妇女用赭色合成膏剂涂面，有防风润肤作用，并以此为美。如图1.17所示。

图 1.16　三白妆

图 1.17　赭面妆

10）面靥妆

又叫妆靥，指用胭脂、丹青点染两侧酒窝处的一种妆饰。盛唐以前是大如黄豆的两个圆点，这个时期式样多样化。如图 1.18 所示。

图 1.18　面靥妆

11）眉式

唐朝眉形有长眉、短眉、蛾眉、阔眉，交替流行，各种眉形形成了我国历史上眉式造型最为丰富的时期（如图 1.19 所示）。

初唐时期女子多偏爱柳叶眉、月眉，月眉比柳叶眉宽一些，形状弯曲如一轮新月。唐高宗、武则天时代，开始流行阔眉，崇尚长、阔、浓，画于面部非常醒目，阔眉的形状和画法在不同时期也有变化。盛唐时期流行的眉妆有蛾眉、远山眉、青黛眉等，比起阔眉来细且淡，新疆吐鲁番阿斯塔那唐墓出土的这个时代的绢画之中就有此种眉妆女子的形象。中唐至晚唐时期，出现了八字眉、啼眉、桂叶眉等眉式，其中桂叶眉最具代表性，形似桂叶，又阔又浓。

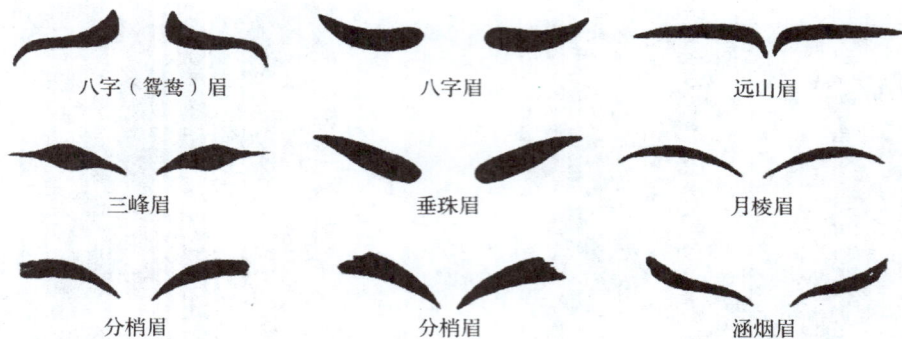

八字（鸳鸯）眉	八字眉	远山眉
三峰眉	垂珠眉	月棱眉
分梢眉	分梢眉	涵烟眉

图 1.19　眉式

5. 宋辽金元时期（公元 960—1368 年）

宋朝建立之后，经济有所发展，美学思想也有了和以前不一样的变化，在绘画、诗文方面力求有韵，用简单平淡的形式表现绮丽丰富的内容，表达一种回荡无穷的韵味、淡雅的风格。宋代的《圣济总录》里非常强调，"驻颜美容当以益血气为先，倘不如此，徒区区乎膏面染髭之术！"明确反对只注重涂脂抹粉，不求根本的做法。

宋朝妇女的装扮属于清新、雅致、自然的类型，不过擦白抹红还是脸部装扮的基本元素。因此，红妆仍是宋代妇女在化妆方法中不可缺少的一部分。这时期贵妇常在额前、两颊都贴上小珍珠做装饰，这就是珍珠花钿妆。发型没有太多的变化，贵妇之间流行高髻，而平民之间流行低髻，饰品中开始流行花冠，这直接导致了假花制造业的产生，而这时期头上扎巾也逐渐形成风俗。

这时期的眉形虽然没有什么大的发展，但却出现了一种新的画眉的工具，即篦。手和指甲的妆饰也开始引进化妆界，用凤仙花涂指甲，这是美甲业的开端。辽在 1125 年被金所灭，金在 1234 年被蒙古所灭，蒙古又在 1276 年灭南宋，统一我国，建立元帝国。契丹、女真、蒙古都是游牧民族，在入主中原之前，长期居于边塞，服饰装扮都非常简朴，直到逐渐汉化后，才变得比较讲究和华丽。元代妇女的装扮在顺帝前后有较明显的变化，之前，多崇尚华丽；之后，风气转为清淡、朴素，有的甚至不化妆不擦粉。不过值得一提的是，人们用一种植物的根磨成粉，涂在脸上当作面膜用。

妆容大部分还是以前朝为主，红妆、花钿妆依然流行，出现了如下不同的妆容。

1）薄妆

此妆容是一种素雅浅淡的妆饰，也称淡妆或素妆，施浅朱，微红即可。如图 1.20 所示。

宋·王安石《与微之同赋梅花得香字》诗之一："汉宫娇额半涂黄，粉色凌寒透薄装。"

唐·杜牧《偶呈郑先辈》："不语亭亭俨薄妆，画裙双凤郁金香。西京才子旁看取，何似乔家那窈娘。"

宋·王安石《海棠花》："绿娇隐约眉轻扫，红嫩妖娆脸薄妆。"

宋·陆游《无题二首》（其二）："出茧修眉淡薄妆，丁东环佩立西厢。"

宋·黄庭坚《忆帝京·赠弹琵琶妓》："薄妆小靥闲情素。抱著琵琶凝伫。"

2）佛妆

辽代契丹妇女，在冬季以栝楼等黄色粉末涂面，颜色如金，进行护肤妆饰，观之如佛。佛妆是佛教文化对女性面部妆饰影响的具体体现，反映了特定历史背景和文化环境的影响与浸染时代特性的审美风尚，从而形成具有时代特点的妆饰风格。如图 1.21 所示。

宋·彭如砺诗："有女夭夭称细娘（辽燕俗称女为细娘），真珠络臂面涂黄。"即形容其面涂黄妆。

图 1.20　薄妆

图 1.21　佛妆

6. 明清时期（公元 1368—1840 年）

明朝初期，国势强盛，经济繁荣，当时的政治中心虽在北方，然而经济中心却在农业繁荣的长江下游江浙一带，于是各方服饰都效仿南方，特别是经济富庶的秦淮区域的妇女的化妆更是全国各地妇女仿效的对象。明代是我国传统美容的一个鼎盛时期。明初朱材等编纂的《普济方》是我国美容方的大汇总，对于美容化妆药之收载，规模空前。明朝妇女普遍喜欢扁圆形的发型，如"桃心髻"、"桃尖髻"、"鹅胆羽髻"。这时期的假发制作越来越精良，很多是用银丝、金丝、马尾、纱做成的丫髻、云髻等戴在真发上的装饰品。头饰有头花、钗、冠，又从国外引进了烧制珐琅技术，使得饰品更加精美。纤细而略微弯曲的眉毛，细长的眼睛，薄薄的嘴唇，素白明净的脸是明朝妇女给世人留下的总体印象，整体风格显得秀美、清丽，韵味天成（如图 1.22 所示）。

明代有一种流行的调粉方法，那就是宋诩在《竹屿山房杂部》中提到的"鸡子粉"，"今熬制熟鹅膏，和合香油，和粉匀面，发光泽而馨"。先将熟鹅膏与香油混合均匀，再用这种油性的面脂来调粉。

清初妇女的妆容分为两条发展线索，满族多为"两把头"，到后来发展成一种类似牌头的高大的固定装饰物，用绸缎等材料制成，在上面装饰以花朵、珠、钗等，将头发向后拢起梳成曼长形后将它戴在头上。而汉族的发型主要有牡丹头、荷花头等庞大的发饰片与华丽夸张的发型。后来两种发展线路逐渐融合，到了晚清时期，开始留"前刘海"，面部仍为低调线路，面部清秀，眉眼细长，嘴唇薄小。清代美容化妆之术非常发达，其标志是大量的美容用品和药剂不断出现，东南沿海化妆美容的小作坊在唐宋元明时代就已存在，但到了清代规模才不断扩大。清朝装束如图 1.23 所示。

图 1.22　明朝装束

图 1.23　清朝装束

7. 近代至民国时期（1840—1948 年）

近代民国时期化妆品种类繁多，香粉是各阶层妇女化妆品的首选。有些人坚持传统路线，有些人则大胆追求时尚，喜欢香水、旋转式口红，化有层次感和线条柔和的眉毛，强调立体感的深色眼影，贴假睫毛，对上唇饱满、下唇线条明显的唇形特别有感情。到了20 世纪 40 年代，国内由于长期战争，物质生活困难，整个社会偏向自然朴实的妆容。第二次世界大战结束后，世界推崇爱与和平，整体装扮以浪漫、活力为主。到了 20 世纪末，现代女性由于教育水平的提高，经济上的独立及价值意识的变化，对美的追求也呈现出多元化趋势，强调时尚感、自然美。民国装束如图 1.24 所示。

图 1.24　民国装束

8. 新中国成立以后（1949 年至现在）

这个时期经济飞速发展，化妆发展空前繁荣，化妆和艺术的结合发展到更高层次。化妆的分类主要根据妆面使用的场景来划分，第一类是生活妆，像我们平时化的职业妆、日常妆都属于此类；第二类是晚妆，又分为宴会妆与 Cosparty 妆；第三类是舞台妆，舞台妆又分为戏剧妆、展示类的妆容（如车展模特、T 台模特妆容）；第四类是平面类妆容，有灯光、摄影棚的都可以统称为平面，平面妆容还可分为画册、杂志、淘宝；第五类是影视化妆，比如伤效妆、老年妆；第六类是婚纱摄影、新娘妆。

第二节　国际美容化妆的起源与发展

很久以前人类便有了对美的追求，虽然相貌是天生的，但是想要使自己变得更加漂亮动人，则就需要对不完美的地方做一些修饰，于是便出现了化妆。其实人类对化妆的探索数千年来从未间断过，国内外都有明确的历史记载。当我们深入了解历史时就会发现，古人留下了无数爱美的足迹。国际妆容如图 1.25 所示。

图 1.25　国际妆容

一、世界各地美容化妆的起源

1. 古埃及

据史料记载，古埃及是人类最早有意识地使用化妆品的。

化妆在古埃及早已开始普及，不仅仅在日常生活中，在举行宗教仪式时，甚至在人死之后都要化妆。

考古学家从古埃及的墓葬中发现的木乃伊染了指甲，和一些与现代无太大差异的美容器具，比如，明晃晃的铜镜、故工精美的化妆盒子、精致的梳子等。从中可看出古埃及人对美容和化妆的偏爱。

古埃及人装束如图 1.26 所示。

图 1.26　古埃及装束

古埃及人喜爱芳香制品，他们不断地从印度、阿拉伯等地收集天然香料，用它们制造香水和化妆品。古埃及人极重视皮肤的健康和美丽，在沐浴后要涂抹大量的香油、香水或香油膏来滋润和美化皮肤，为了抵御炎热干燥的天气，用动物的油脂涂抹在皮肤上以防止皮肤的干燥。为了加强眼部的立体感和增加美感，用含有孔雀石成分的绿、蓝等色料描画眼睛。为使体态形象更加美观，会佩戴精巧的假发和头饰等。古埃及的美容技术已达到相当高的水平。

古埃及妆容及化妆品如图 1.27 所示。

图 1.27　古埃及妆容及化妆品

2. 古希腊

古希腊人借鉴古埃及人的沐浴方法，从中得到启发，建造了不同风格的精美浴室，发明了修剪发型、保养皮肤的各种方法。人们大量地使用芳香制品及化妆品，用白铅研制成粉敷面，眼部涂锑粉，面颊及嘴唇涂抹朱砂，把芳香的鲜花研成香粉等。人们由此可以领略到古希腊人对于美的喜爱。

古希腊装束如图 1.28 所示。

图 1.28 古希腊装束

3. 古罗马

古罗马人继承了古希腊人的许多习俗，也喜欢使用香料和化妆品装扮自己。妇女们会在沐浴时将用从植物提取并配制而成的香水或芳香油滴入洗澡水中，并用浸透香液的布来擦洗身体，沐浴后会在身体上涂抹香油脂或化妆品用以保持皮肤的滋润和顺滑。此时的古罗马人非常注重从天然物质中摄取营养，并用天然物质制作了许多美化皮肤的化妆品来保护皮肤、头发、指甲的健康。这个时期最原始的理发店和美容师已经产生，贵族们则拥有专门从事美容工作的佣人，而且随着经济发展，普通市民也都在理发店修剪头发。男子也开始美容，就是修面，白净无须的脸颊在当时蔚然成风。在有关古罗马文化的书籍中可以看到许多关于化妆品配方的内容，也可以查阅到许多赞美保养皮肤、歌颂洁身之美德的诗篇。

古罗马装束如图 1.29 所示。

图 1.29 古罗马装束

图 1.30　日本装束

4. 东方

东方人对于健康和美丽的注重也有着相当悠久的历史。早在公元 601 年，高丽僧人就把口红传到了日本，但当时并未盛行。而日本女子普遍使用口红则在 18 世纪初，当时的日本女子为了加重口红的显色度，在涂抹口红前还先会在唇上涂黑色。在中东地区，妇女们早就有把眼皮涂抹成蓝黑色的习俗。直到现在，某些伊斯兰国家的人们仍然可透过一些妇女薄薄的面纱，隐约可见眼睛会浓妆艳抹。东方人以其华丽的服装、精美的手工艺品、清洁的习俗及良好健康的生活习惯而闻名于世。

日本装束如图 1.30 所示。

5. 非洲

非洲人善于从自然环境中尝试并使用许多药用植物和美容原料。他们的发型充满艺术气息，虽然复杂但是特别精致，别具一格；他们用自然界丰富多彩的颜色来修饰面部及身体，使皮肤健康而富有弹性。

二、国际美容各个时期的发展

1. 中古时期

中古时期宗教盛行并在欧洲人的生活中扮演着极为重要的角色。妇女戴着塔状的头饰、梳着复杂精致的发型，并且很注重肌肤和头发的保养。当时的女性喜欢在面颊和唇部涂抹色彩丰富的化妆品，而眼部却不做任何装饰。

2. 文艺复兴时期

文艺复兴时期，美容业被发扬光大。法国的宫廷御医曾编写了关于借助蒸汽浴来保养身体的书籍，意大利医生也深入研究了运用各种香料溶液来保持皮肤柔嫩和细腻的方法。当时的人们不仅重视外表和容貌，为了表现崇尚智慧，还盛行剃光眉毛并把发际线尽量提高以展示宽阔的前额。在面部的修饰上则注重自然美，脸颊与嘴唇的颜色淡雅柔和，眼部不做任何修饰。但是当时的妇女对发型极为重视，梳理的发型较为复杂、造型独特，并且佩戴各种漂亮的头饰，打造出高雅和谐的风格。

文艺复兴时期装束如图 1.31 所示。

图 1.31　文艺复兴时期装束

3. 16 世纪初—19 世纪末

16 世纪，哥伦布发现了新大陆，此时美洲的各种香料源源不断地运往欧洲地区，于是西方社会很快掀起了一股涂抹香水的热潮。当时，敷面膏也十分流行，比如，蛋壳粉、杏仁、罂粟、明矾、硼砂、水果、蔬菜、乳类等统统都被用作制作面膏的原材料。人们对发型非常重视，注重对发型的设计，假发的使用也相当盛行。在化妆上着重强调脸颊与唇部的修饰，而眼部化妆尚未开始流行。到 17 世纪末期，巴黎的妇女则流行点黑痣的化妆方式，黑痣的形状各异，分为星状、月牙状和圆形，一般多点缀于额部、鼻子、两颊和唇边，偶尔也会点缀于腹部和两腿内侧。痣的颜色分为两种，有黑色和红色。这在当时是极有特色的面部修饰方法之一。18 世纪初期，出现了男性美容风，男性会在脸部涂脂抹粉，为了美容会剃掉美丽的金色卷发，戴上假发套。18 世纪中晚期，妇女对于面部美丽的重视程度更是空前。她们用草莓和牛奶沐浴，为了增白皮肤，用葡萄汁、柠檬汁擦洗并按摩皮肤，起到保养肌肤的效果。用香粉涂抹面部，嘴唇与面颊涂抹鲜艳的化妆品，颜色主要以粉红色和橘黄色为主。此时已经开始盛行修眉，眼睛描画清淡，并喜欢用高光的颜色点缀，此时期被后人称为奢侈时期（如图 1.32 所示）。19 世纪在历史上被认为是最朴素的时期，这个时期的服装、发型及化妆术也深受保守作风的影响。在没有特殊的情况下，妇女极少做脸部化妆，她们宁愿用手揉搓面颊及嘴唇来形成自然的红色，也不愿用唇膏、胭脂等化妆品，对发型的要求也极为简单。此时期不论男女都更关心身体的清洁及个人的保养，流行用天然植物调配而成的面膜进行敷面美容。

图 1.32　18 世纪初装束

4. 20 世纪初

随着经济的大萧条和第一次世界大战的结束，欧洲社会的人们更渴望温情的家庭生活，女性们的化妆普遍较为自然，但唇色较为突出，并追求身体的线条美。战后工艺品的发展使社会经济出现了新的繁荣。妇女受无声片中电影明星的影响，表现出对服饰、化妆及发型的喜爱，开始剪短发，并烫成波浪形，开始广泛使用眼影、口红及胭脂等彩妆化妆品。大量的护肤品、护发用品及各类化妆品充斥市场。

5. 20 世纪 30 年代

受到新闻媒介的影响，人们获取了大量的最新的流行信息。电器烫发的发明使妇女们的发型有了更多的变化，当时的女性最明显的造型特点为金黄色的波浪形卷发、细而弯的眉毛以及鲜艳的唇色，当时这种妆容很盛行。此时的造型非常华贵、艳丽，女性争相效仿。而男子则追求头发的光滑，胡子以整洁为时尚。

6. 20 世纪 40 年代

随着第二次世界大战的爆发，男人们大多数都应征入伍，使军人刚毅的形象成为当时的流行趋势，女性不再穿裙装，改成裤装，以适应战争时期工作的需要。发型则以简洁为主，自然浅淡的妆感逐渐取代了 20 世纪 30 年代的艳丽形象，彩色的睫毛成为当时的时尚。而此时期的战争反而促使化妆品销售日益增长。

7. 20 世纪 50 年代

战争后的经济开始复苏，使人们对美容化妆产生了更大兴趣，成熟、优雅的女性形象又成为崇尚的对象，化妆逐渐流行浓艳，但妆面细腻。重点突出眼、唇部的修饰，黑色加宽的眼线和夸张的假睫毛将眼睛刻画得明亮有神，鲜艳的红唇娇美动人，服装的款式简单又富有女性的曲线，当时细眉受到广大女性的欢迎。此时美容院、美发店在各地纷纷开业，并且生意红火。化妆品成为大多数妇女梳妆台上的必备品，各式化妆品充斥着市场，发型设计师生意非常好。

8. 20 世纪六七十年代

随着社会经济和科技的进步，美容业得到很大的改变，许多新的化妆品及保养品纷纷进入市场，人们对皮肤的保养更趋向多元化。人们注重自身的性格特点，不再刻意模仿明星的穿着打扮，对时尚的追求开始分流，逐渐走向个性化发展。然而，生活的富足与无忧使追求享受、寻求刺激的年轻一代感到精神上的空虚，自此出现了"朋克"一族。如图 1.33 所示。

图 1.33　20 世纪 70 年代初朋克装束

9. 20 世纪 80 年代

20 世纪 80 年代是科技高速发展的年代，科学技术的不断进步使美容业有了新的改善。美容界纷纷推出新的美容品和美容法，当时人们比较重视个人的生活品位及修饰，整体妆容突出个人性格特点，成为这个时期的特色，流行转变的速度非常快。到了 20 世纪 80 年代后期，由于受复古风潮的影响，人们又逐渐开始追求自然。

10. 20 世纪 90 年代

20 世纪 90 年代，人们开始倡导"返璞归真"、"回归自然"，因此带动了休闲服饰的潮流。人们对追求流行变化的兴趣开始淡化，更重视可延续的流行及个人风格的建立。化妆与发型走向多元化发展，注重整体风格与个性的统一。为了延缓皮肤的老化，各种生化科技美容品推向市场，美容已经同现代医学、化学、解剖学乃至整个生物学紧密结合在一起，美容技术也向高科技领域发展。

回顾古今中外的美容发展历史，人们可以更加理解美容的历史渊源，从而正确地看待美容这一行业。化妆、美容行业作为一个有历史积淀的事业，其不断发展成为人类文明的组成部分将焕发出更诱人的风采。

【练习题】

1. 秦代时期流行的妆容都有哪些？
2. 简述唐代妇女的化妆顺序。
3. 简述酒晕妆、桃花妆、飞霞妆的特点与区别。
4. 什么时期男人开始流行化妆？
5. 简述文艺复兴时期美容化妆的特点。

第二章 皮肤的基础知识与保养

【学习目标】

1. 了解生活化妆、皮肤美学的原则。
2. 了解皮肤的基本结构。
3. 掌握美容的含义。
4. 掌握美容的作用和目的。
5. 掌握各类皮肤的四季保养。

第一节　生活化妆的基本审美依据

一、生活化妆的美学原则

生活化妆是在人身客观基础上进行化妆修饰，从而达到扬长避短、美化修饰的目的（如图 2.1 所示）。

图 2.1　生活化妆示范

（1）要注重整体形象美的效果，无论是皮肤的修饰还是五官的化妆，都要与整体的形象美统一起来，使之协调统一。

（2）要依据个人的职业、年龄、性格等特点及不同的时间、场合来化妆，由于每个人的面部结构各不相同，所以生活化妆力求反映其独特的气质美，掩饰缺点，放大优点。

（3）要讲究化妆手法和技巧，生活化妆追求真实自然、柔和协调，要尽力做到细施轻匀。既有形色渲染，又富于自然气息，使人难以看出涂抹痕迹，要做到"浓妆淡抹总相宜"，尤其是眼影、腮红等的晕染要特别注意这一点。

因此，面部美学的规律和特点是生活化妆的基本审美依据。面部美学，指人的面部与五官形态美的和谐统一，即符合面部的黄金比例——三庭五眼、四高三低。此外，面部美也要与人的气质、精神状态完美统一。

二、皮肤的美学原则

皮肤覆盖于身体表面，是天然的保护屏障，具有调温、分泌、吸收、代谢、感觉功能。人的皮肤在容貌中有着重要的地位，均匀、光泽、润滑的皮肤会赋予人健康、清爽、和谐的美。

皮肤美的综合性判断标准主要有以下五大依据：

（1）皮肤健康有活力，肤色亮泽红润。黄种人为微红稍黄。

（2）皮肤洁净，无斑点和表面凹凸不平现象。

（3）富有弹性，光滑柔软，不皱缩或粗糙。

（4）肤质呈中性，不易敏感和干燥。

（5）皮肤耐老，随年龄增长衰退缓慢。

三、肤色的美学原则

肤色即皮肤显现的颜色，主要由黑色素决定，与皮肤美有密切关系。肤色因种族、个体及分布区域的不同而有差异。种族间最大的差异就在于肤色，个体间又由于性别、生活方式的不同而有差别。一般男性的肤色比女性深些，体表部位不同，肤色也有所不同。肤色还会受年龄、季节、健康状况、生活环境等影响而发生变化。一般认为，正常或健康状态的肤色就是美的。黄种人的皮肤从颜色深浅看可分为浅肤色、中肤色和深肤色，从色调看可分为偏白色、偏红色、偏黄色、偏黑色四种类型。通常在不化妆时面部肤色是不一致的，化妆前需要观察化妆对象脸颊、额部、颈部的自然肤色以对妆色做出准确选择。

第二节　皮肤的结构与分类

一、皮肤的基本结构

皮肤自外而内由表皮、真皮、皮下组织三个密切结合的层面组成。如图2.2所示。

1. 表皮层

表皮层是皮肤的最外面一层，起保护作用（如图2.3所示）。化妆品只渗透到这一层，对皮肤最重要。表皮层分为以下五层：

1）角质层

角质层是皮肤的最外一层，由七层鳞状细胞组成，会不断脱落，不断生长。角质层非

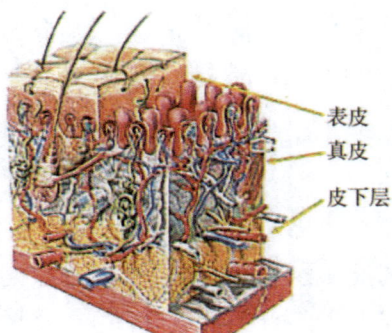

图 2.2　皮肤结构（1）

常坚韧，能够抵抗外界摩擦，防御致病微生物的侵入，阻止水分和电解质通过，对酸、碱、紫外线等理化因素有一定的耐受力。细胞从内向外散失水分，直到角质层，使皮肤光滑柔嫩。水分是皮肤柔细鲜嫩的主要成分。

2）透明层

由三层透明细胞组成，仅存在于掌跖部位，它们循序向上逐渐变为角质层。

3）粒状层

由细小的颗粒状细胞组成。

4）有棘层

由十五层棘状细胞组成，它们互相连接，皮肤才能紧致。细胞间突起的小棘消失，皮肤就会松弛。

5）基底层

是真正有生命力的细胞层。细胞分裂后向上发育，直达角质层。黑色素主要分布在该层，可防止紫外线伤害。

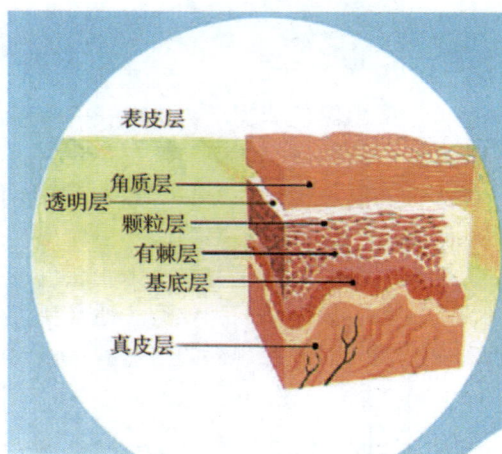

图 2.3　皮肤结构（2）

2. 真皮层

真皮层位于表皮层之下，由纤维结缔组织细胞和基质组成，结构复杂，活动频繁。真皮层可分为以下两层：

1）表层

位于表皮之下，由毛细血管、触觉小体、黑色素等组成，提供皮肤基本知觉。

2）较深层

是一种网状组织，包括脂肪细胞、血管、汗腺、毛囊等。真皮的胶原纤维、弹力纤维和网状纤维交织成网，使皮肤具有一定的弹性、延展性，真皮纤维的弹性又决定皮肤的柔软度，色素决定皮肤的颜色。皮脂腺分泌的皮脂在角质层形成一层油脂，可以保护软化皮肤。

3. 皮下组织

是位于真皮下的一层脂肪组织。厚度是真皮层的 5 倍。其脂肪可以保护、滋润外层皮肤，也具有保温、缓冲外力、保持皮肤张力的作用。

二、皮肤的类型

不同的人肤质不同，不同部位的肤质也有差别，这是由遗传基因决定的，后天的习惯能加强和减弱这种皮肤倾向，但不能改变它。不同的肤质护肤方法不同，因此，要想更好地护理皮肤，首先要了解自己皮肤的性质。皮肤一般分为以下五种类型：

1. 中性皮肤

中性皮肤是健康理想的皮肤，多见于青春发育期的少女。皮脂分泌量适中，皮肤既不干，也不油，皮肤红润、细腻、光滑，富有弹性，不易起皱，毛孔较小，对外界刺激不敏感。但受季节影响，夏天趋于油性，冬季趋于干性。

2. 干性皮肤

干性皮肤白皙，毛孔细小而不明显，皮脂分泌量少，皮肤比较干燥，容易产生细小皱纹。角质层含水量低于 10%，毛细血管表浅，易破裂，对外界刺激比较敏感。干性皮肤可分为缺水性和缺油性两种。

3. 油性皮肤

油性皮肤肤色较深，毛孔粗大，皮脂分泌量多，皮肤油腻光亮，不容易起皱纹，对外界刺激不敏感。由于皮脂分泌过多，容易生粉刺、痤疮，常见于青春发育期的年轻人。

4. 混合性皮肤

混合性皮肤兼有油性皮肤和干性皮肤的特征，在面部 T 形区（前额、鼻、口周）呈油性状态，眼部及两颊呈干性。80% 的女性都是混合性皮肤。

5. 敏感性皮肤

敏感性皮肤，可见于上述各种皮肤，其皮肤较薄，对外界刺激很敏感。当受到外界刺激时，会出现局部微红、红肿，甚至会出现疱、块及刺痒等症状。

三、皮肤的颜色

皮肤的颜色，主要由人体的黑色素决定。因种族、个体、分布区域、性别、生活方式不同，肤色有别。一般男性的肤色较深，女性的肤色较浅。肤色还会因年龄、季节、健康状况、生活环境等影响而改变。一般年轻人肤色浅，老年人肤色深。美的肤色就是正常健康状态下的皮肤色。

四、皮肤美的标准

（1）皮肤红润、健康、有活力，肤泽红润亮丽。黄种人为微红稍黄。
（2）皮肤洁净，无斑点和表面凹凸不平现象。
（3）皮肤光滑、柔软、细嫩，有弹性。
（4）皮肤呈中性，不干燥、不油腻、不敏感。
（5）皮肤耐老，衰退缓慢。

五、美容的含义

美容就是美化人的容貌，它是一门专业学问。"美容"一词可以从两个角度来理解，首选是"容"这个字，其次是"美"。"容"包括脸、仪态和修饰三层意思。"美"则具有形容词和动词两层含义，形容词表明的是美容的结果和目的是美丽的、好看的；动词则表明的是美容的过程，即美化和改变的意思。因此简单地讲，美容是一种改变原有的不良行为和疾病（面部），使之成为文明的、高素质的、具有可以被人接受的外观形象的活动和过程，或为达到此目的而使用的产品和方法。

美容根据不同的手段和方法，可以分为生活美容、医学美容、饮食美容三种。

生活美容：是指在生活中以个人的基本容貌条件为基础，专业人士运用美容工具、用品、仪器及护肤化妆品，通过按摩、水疗、化妆等非侵入性美容手段，对人的肌肤进行护理和保养，对人的容貌与形体进行美化修饰，从而达到扬长避短的目的，以适应各种生活环境的活动。

医学美容：是指运用一系列侵入皮肤内的手术、药物、医疗器械及其他侵入性医学手段，对人体各部位形态进行维护、修复和再塑。

饮食美容：是指通过食物来调理身体，达到美容的目的。

本教材中的美容是指生活美容。生活美容包括以下三个方面的内容：
（1）以塑造健康、匀称、和谐、统一的形象为目的；
（2）以追求真实性和生活化的和谐美为原则；
（3）以扬长避短的美容技法为手段。

第三节　美容的作用和目的

古往今来，人们总喜欢用涂脂抹粉、修眉饰黛、点脂画唇、粘贴花子、做各种发型等来美化自己，但每种做法都不能盲目进行，了解美容的具体目的和作用，才能进行正确的美容，从而达到扬长避短、锦上添花的效果。

美容分为护肤和化妆两部分，首先来了解护肤，护肤就是指皮肤的护理。

一、皮肤护理

1. 皮肤护理的种类

皮肤护理分为预防性皮肤护理和改善性皮肤护理两类。

（1）预防性皮肤护理是利用深层清洁、去角质、按摩等护理方法来维护皮肤的健康状态。

（2）改善性皮肤护理是针对常见皮肤问题，运用美容仪器、疗效性护肤品进行特殊的保养和处理，以达到改善皮肤状况的效果。

2. 皮肤护理的目的

皮肤护理的目的是清洁皮肤、改善皮肤的不良状况，加快皮肤的新陈代谢，同时预防及改善皮肤问题，延缓皮肤衰老，保持皮肤健康。

3. 皮肤护理的作用

1）清洁皮肤

通过适当的卸妆、深层清洁等方法，彻底清除皮肤表面的污垢，疏通毛孔，使皮肤放松、休息。

2）改善皮肤的不良状况

通过去角质、按摩、敷面膜等方法改善皮肤缺水、晦暗、皱纹、粗糙、毛孔不畅等不良状况。

3）预防和改善皮肤问题

通过正确的护理，预防和改善痤疮、色斑、老化等皮肤问题，延缓皮肤衰老。

4）进行心理美容

通过改善皮肤的不良状况，增添人的自信心，同时，通过正确的按摩手法、舒适的美容环境、轻松的伴奏音乐，放松肌肉、神经，缓解压力，从而达到心理美容的效果。

二、化妆的分类

化妆的种类按用途可分为八类，晚宴妆、常规晚妆、婚礼妆、常规日妆、时尚妆、个性妆、影视妆、舞台妆。具体介绍如下所述。

1. 晚宴妆

晚宴妆是指晚间参加正式的或比较正式的宴会、晚会时的化妆。形象设计华丽，妆效夸张、艳丽。

2. 常规晚妆

常规晚妆是指晚间参加一般生活动、约会时的化妆。形象设计休闲，妆效稍浓，一般与服装搭配和谐一致。

3. 婚礼妆

婚礼妆是指举行婚礼时的化妆。可根据环境、季节、形式、形象来确定风格。如，中式婚礼妆浓艳，显示喜庆；西式婚礼妆淡雅，显示纯洁。新娘妆圆润、柔和，突出娇美；新郎妆刚毅、自然，突出坚定、沉稳，增强可信度。

4. 常规日妆

常规日妆是指日常生活、工作、娱乐、休闲居家时的化妆。形象设计淡雅，妆效清新、自然。

5. 时尚妆

时尚妆是指具有时代感、前卫风格的化妆。形象设计自由，妆效强烈、时尚。

6. 个性妆

个性妆是指参加形象展示、模特摄影以及塑造其他个性形象时的化妆。形象设计个性，妆效夺目、夸张。

7. 影视妆

影视妆是指影视剧中人物角色、电视主持人、播音员的化妆。对于人物角色的化妆，形象设计要符合特征，妆效自然、真实。对于主持人、播音员的化妆，形象设计鲜艳，妆效清晰、自然。

8. 舞台妆

舞台妆是指舞台剧、舞台演艺、戏曲剧中的化妆。形象设计鲜艳，符合角色特征。

三、化妆的目的

对人的容貌进行修饰，从而达到扬长避短或符合角色特征的目的，同时塑造相应的气质与个性，以适应各种生活环境。

四、化妆的作用

1. 改善肤质

通过上粉底、定妆粉等使皮肤细腻，无油光感。

2. 改善脸部色彩

通过上遮瑕膏、粉底、眼影、腮红、口红等改善皮肤的颜色，遮盖皮肤上的雀斑、黑眼圈、粉刺的疤痕等。

3. 弥补脸部缺陷

通过面部修饰，调整脸型、五官比例、立体结构等。

4. 塑造各种气质与个性

通过塑造不同的妆型，展示不同的气质与个性。

5. 进行心理美容

通过改善自己的容貌，增添人的自信心。同时，通过舒适的美容环境、浓妆淡抹的过程，放松肌肉、神经，级解压力，从而达到心理美容的效果。

第四节　各类皮肤的四季保养

一、皮肤的春季保养

春天的护肤方法与冬天的护肤方法不尽相同，过了尘封的冬天，春天是万物复苏的蓬勃时节，细胞的生长加快，如果再用冬天的方法来护肤，就会出现过敏等不适反应。沐浴在春风和煦的阳光当中，紫外线开始逐渐变得强烈，加上阳光的照射，暗沉、色斑开始出现，让人们非常烦恼，还有很多人会有不适反应，肌肤上会起很多白皮。春天护肤要讲究正确的方法，有很多地方都要注意。

1. 多补水少补油

干涸的大地经过一个冬天的干燥气候，期待着春天的一场甘霖，春雨过后，万物复苏。肌肤也是一样，补水永远是护理肌肤不变的话题，但是值得注意的是，冬天护肤补水侧重的是锁水，而春天来临，新陈代谢加快，肌肤要注意保持毛孔的通畅，因此尽量少用一些油脂比较多的霜。注意补水，但是平衡油脂很重要，这个时候，冬天使用的很多锁水的产品不要用得太多，否则肌肤油脂过多，容易长暗疮。再加上春天本来就是痤疮滋生的季节，因此，要格外注意毛孔的通畅，可选用含有小分子的玻尿酸产品。

2. 预防黑色素

春天是容易长斑的季节，春天来临，黑色素开始活跃。很多人可能不知道，春天的紫外线其实并不亚于夏天。经过一个冬天之后，人们的皮肤养白了，可是经过一个春天之后，尚未到夏天，肌肤就晒黑了。其实，春季紫外线也很强烈，紫外线照射，会导致黑色素沉着，如果肌肤干燥的话，可能还会形成色斑。因此，春季也要注意防晒，出门或者是出去旅行的时候，记得要涂上防晒霜。不仅如此，可以多吃一些含有维 C 丰富的水果，如橙子之类，对于预防黑色素很有效果（食用含有大量维 C 的水果后尽量不要暴晒）。

3. 洗脸的正确方法

春天要提防暗疮粉刺的产生，就要注意疏通毛孔，深层清洁，但是春天洗脸要讲究正确的方法。春天肌肤容易过敏，因此在选择洗面奶的时候一定要注意，要选择温和型的洗面奶，最好不要选择那种美白或者刺激型的，那样对肌肤非常不利。除了选择温和型的洗面奶之外，洗脸的时候，为了能够洁净最好采用冷热水交替洗脸法，首先用热水洗脸打开毛孔，之后用冷水洗。这样不仅干净，还能促进毛孔收缩，能够深层清洁，促进肌肤循环，对于春季护肤，这样的洗脸方法是很适合的。同时，预防感染和细菌，也可以采用流水洗脸，这样对肌肤清洁大有好处。

4. 预防过敏

春天是一个非常容易过敏的季节，花粉对很多人的皮肤都会产生一些刺激，这个时候就要注意预防过敏。即使皮肤不是敏感性的，在总是受到刺激的情况下皮肤也会形成敏感性的肌肤。对于敏感性的肌肤，要做的首要步骤就是补水，肌肤里蓄满了能量，就不会那么容易过敏了。即便是真的过敏，出现一些丘疹之类的，也千万不要用手去挤，试着敷一些舒缓性的抗过敏面膜，比如，洋甘菊面膜就有抗过敏的功效。可以尝试敷这样的面膜，除此之外，如果情况严重，自己的肌肤非常敏感，可以提前内服一些抗过敏的药物，比如，息斯敏、盐酸西替利嗪片之类。总之，春天抗过敏的防护一定要做好。

5. 身体排毒

春天是细菌容易滋生的季节，因此，注意排毒非常重要。要注意给肌肤排毒，除了清洁之外，也要注意给身体排毒，如果体内毒素过多，也会导致内分泌失调，使得肌肤失去光泽。春天排毒最好的方法就是喝水，一定要补充足够的水分，及时清理掉肌肤的垃圾，促进肌肤的新陈代谢，只有如此，皮肤才能健康。

二、皮肤的夏季保养

夏季热浪袭来，导致毛孔扩张，皮脂腺与汗腺的分泌液会大大增加，另外，紫外线很强，因此，要特别重视夏季皮肤的保养，否则容易对皮肤造成损害。皮肤的夏季保养要注意以下几点：

（1）多喝水，多吃新鲜水果、蔬菜，少吃油腻、辛辣之品。

（2）夏季化妆时间不宜过长，化妆 3~6 小时后应及时卸妆。

（3）防止日光对皮肤的损害，外出要涂防晒霜，戴遮阳帽。晚上最好用一些晒后修复面膜。

（4）夏季化妆宜保持清爽淡妆。出门在外，当面部出汗较多时，可以用粉饼吸去汗水。在空调室内应少用粉质化妆品。临睡前必须用清洁霜及高脂香皂将面部清洗干净，以利于晚间皮肤的呼吸。

（5）每天需进行 2~3 次的皮肤清洁。可选用温和、适合自己皮肤的香皂，洗面后，再使用洁肤水。清洗后可涂滋润霜以补充失去的水分和油脂。

（6）定期做中药面膜。中药面膜营养丰富，保湿护肤效果好，且具有独特功能，可根据皮肤特性选择使用，有色斑的人选用有祛斑功能的中药面膜；有青春痘的选用祛痘中药面膜；如果皱纹增多了，可选用抗皱面膜；若皮肤粗糙，可选用有助于皮肤细嫩的中药面膜；若皮肤晒黑了，最好选用有晒后修复作用的面膜和美白面膜。每周 2~3 次。

三、皮肤的秋季保养

秋季是一个干燥的季节，此时人们暴露在外的面部皮肤有一种紧绷的感觉，这是由于皮肤缺少水分的缘故。如果皮肤缺水严重，就会出现干裂、脱屑，有碍美容。但是，有些人因缺乏护肤知识，在秋天使用油脂型的护肤品，结果反而使皮肤变得又黑、又皱、又硬。这是因为秋天风沙大，灰尘多，空气干燥，容易令多油的皮肤表面沾满灰尘，而皮肤中的水分却得不到补充，再加上阳光的照射，容易使皮肤晒黑。因此，秋天的皮肤需要我们加倍精心呵护。

1. 注意清洁

由于秋天温差大，忽冷忽热的天气使皮肤抵抗力下降，易遭细菌感染，所以，秋季护肤首先要着重清洁皮肤。可以选用杀菌力强、清洁效果好、弱酸性的防晒洗面奶，也可适当在洗脸、洗浴中加入少量食醋，以增加清洁效果。

2. 补充水分

秋天到来后，空气开始变得非常干燥，加之早晚温差大，天气逐渐变冷，引起皮肤毛孔收缩，皮肤表面的皮脂腺与汗腺分泌减少，从而使得皮肤表面很容易丧失水分。而皮肤衰老的最大原因正是水分不足。秋季皮肤新陈代谢缓慢，所以秋风一起，许多人的脸上便起了皱纹或色斑、粉刺，原有的花斑、褐斑也会加深，皮肤变得干燥，皮下脂肪增厚，皮肤紧绷，甚至起皮掉屑。因此，秋季护养肌肤要注意补充水分。要饮用足够的水，饮水量为每日 6~8 杯，同时还要补充饮用果汁、矿泉水、茶水等；可用蒸汽熏蒸面部，给面部补充水分；可用保湿护肤剂涂于面部，以减少皮肤表面的水分散发。

3. 注意防晒

过了 9 月，秋意渐浓，人们往往忽略了紫外线的存在。其实，初秋的紫外线相当强烈，这个时期皮肤更容易受到紫外线的伤害。晒黑的皮肤一般不容易消退，其原因是因为天气转凉，皮肤的新陈代谢也开始变得缓慢。因此，出门时还应擦防晒霜。

4. 注意保湿护理

秋天气温干燥，皮脂腺的油脂分泌减少，水分蒸发较快，脸部易出现紧绷的感觉。因此，在秋季要重视肌肤角质层的保湿护理，除不使用含酒精的化妆水、保湿乳外，有些肤质还需要经常用滋润乳液搽抹脸部，同时可以用化妆水擦拭额头、鼻翼、下巴等油脂分泌旺盛的地方。干性皮肤者最好能多按摩，以促进血液循环，使皮肤不易流失水分。对于比较干燥的皮肤，不妨在睡前多擦一道保湿霜；油性皮肤者则仅在干燥的时候擦上少量面霜即可。此外，最好每隔两小时喝一次水。

5. 日常的皮肤护理

对于白天的护理，坚持每天做两次面部清洁，让皮肤洁净、滋润，外出时要使用有防晒作用的日霜。对于晚上的护理，洁肤一定要彻底，先用温水、洗面奶彻底清洁面部皮肤，再用不含酒精的化妆水进一步洁肤及补充水分，然后在面部薄而匀地抹渗透性强的滋润晚霜，并适当地热敷，让其营养渗透到皮肤深层中去。

6. 注意饮食调养

多喝豆浆、牛奶等饮料，多吃新鲜的蔬菜、水果、鱼、瘦肉。戒除烟、酒、咖啡、浓茶及煎炸食品。多吃些芝麻、核桃、蜂蜜、银耳、梨等防燥滋阴的食物，滋润肌肤。

7. 注意唇部的护理

秋天天气干燥，嘴唇易裂，既影响美观，又增加不适感。要解决这个问题，除了用温水洗唇，涂上护唇油外，平时应多吃富含维生素 B2 的食物，如动物肝、牛奶、鸡蛋、萝卜、苹果、香蕉和梨等。

四、皮肤的冬季保养

冬季空气干燥寒冷，机体新陈代谢较为缓慢，分泌物减少，容易导致皮肤缺水、干燥、皲裂。如果这段时间不采取保养措施，便真的应验了那句"20岁的年纪40岁的脸"。

（1）进入冬季，一天要清洁面部1~2次。选择早用冷水和晚用温水洗脸，这对促进皮肤水分吸收，增强皮肤弹性和光泽，提高皮肤抵抗力均有良好效果。可选择适合自己肤质的护肤霜早晚护肤。应避免使用洗净力太强的肥皂和清洁剂，它们会把人体制造的天然保护油脂都洗掉。

（2）水分是保持肌肤健康、富有弹性的重要因素。当人体水分减少时，会出现皮肤干、皮脂腺分泌减少的现象，从而使皮肤失去弹性，甚至出现皱纹。冬季里应多喝水，保证机体对水分的摄取量还是很有必要的。

（3）冬季日晒的伤害也不可轻视，它会破坏皮肤的纤维组织和胶原蛋白，致使肌肤松弛老化，生出色斑。户外到处都有紫外线，注意加强防护，否则肌肤容易迅速老化。外出时，应使用含适当防晒因子的护肤品，以达到防晒、保湿的功用。

（4）经常按摩面部，无论是在使用洗面奶等清洁脸部还是在涂抹护肤霜时都要进行按摩。按摩可以加速血液循环，使皮肤升温，毛孔扩张，排出陈旧的表皮细胞。若涂用乳霜后按摩，可促进肌肤对乳霜的吸收，提高皮肤的保湿性能。应对面部自上而下、由内向外地做几分钟面部按摩。皮肤敏感的人则宜酌情少做。

（5）皮肤须定期保养，补充水分、养分，使其光滑、润泽而有弹性。每周做一两次保湿面膜（面膜也可以自己制作，如用珍珠粉、蜂蜜、牛奶等调和均匀，涂面膜面部，待干后洗净），以促进面部的血液循环，补充营养和水分，操作完毕，立即涂抹护肤霜保养皮肤和防晒。

（6）皮肤的细嫩滋润程度与其水分含量密切相关。在每次洗完脸后，记得要使用润肤乳液来防止皮肤干涩紧绷。选择含有丰富营养成分的滋养保湿乳液可迅速渗透至皮肤里层，保持皮肤内的油脂和水分，并保护皮肤的弹性及柔嫩，使肌肤看起来平滑鲜润。

【练习题】

1. 评判皮肤美的综合性判断依据是什么？
2. 皮肤分为哪几层？黑色素主要分布在哪一层？
3. 美容的含义是什么？
4. 简述皮肤的分类及特点。
5. 油性皮肤的护理方法是什么？

第三章 常用化妆品和化妆工具

第一节 常用化妆品的分类、保存与鉴别

一、常用化妆品的分类、保存

根据 2007 年 8 月 27 日国家质检总局公布的《化妆品标识管理规定》，化妆品是指以涂抹、喷、洒或者其他类似方法，施于人体（皮肤、毛发、指趾甲、口唇齿等），以达到清洁、保养、美化、修饰和改变外观，或者修正人体气味，保持良好状态为目的的产品。

妥善保管化妆品是有效使用化妆品的前提。化妆品保存不当，很容易变质，因此，要了解和掌握化妆品的正确保存方法。正确保存化妆品有以下几点要求：

1. 温度适宜

化妆品的保存温度不宜过高，高温会造成油水分离，膏体干缩，引起变质；化妆品可存放在冰箱的保鲜冷藏室，不能放在冷冻室中保存。寒冷季节，不宜将化妆品放在室外或长时间随身携带到室外。因为温度过低会使化妆品发生冻裂，而解冻后还会出现油水分离、质地变粗的问题，对皮肤产生刺激作用。

2. 避光保存

阳光或灯光直射处不宜存放化妆品。因为光线照射会造成化妆品水分蒸发，某些成分会失去活力，以致引起变质。阳光中的紫外线还能使化妆品中的一些物质发生化学变化，影响使用效果，甚至发生不良反应。

3. 保持干燥

有些化妆品含有蛋白质，受潮后容易发生霉变。有的化妆品使用铁盖，受潮后容易生锈腐蚀化妆品，使化妆品变质。

4. 避免污染

化妆品使用后一定要及时旋紧瓶盖，以免细菌侵入繁殖。使用时最好避免直接用手取用，可以用干净的特制工具取用。如果一次取用过多，可涂抹在身体其他部位，不可再放回瓶中。

5. 注意保质期

目前化妆品标示的保存期限，指的是未开封时的存放时间，一旦开封使用，新鲜度会因外界的影响逐渐降低。若是买到大瓶装，且声明可以分装的产品，在尚未使用前，可另分装小瓶放到冰箱内冷藏，使用期限可延长一倍，外出携带也很方便。不含防腐剂与香料等的无添加产品则有效期更短。

由于不同的化妆品性状各异，所含的成分也各不相同，保存和使用期限也不同。

二、化妆品的鉴别

化妆品仿制手段不断升级，已经到了真假难辨的程度。由于网上购物的虚拟性，消费者只能凭借卖家的产品图片和"动人"说辞作出判断。一些不法企业偷梁换柱，夸大宣传，甚至出售假冒伪劣产品，严重损害了消费者的利益。对于如何分辨正规的化妆品与假冒伪劣产品，可从以下几点作出判断：

1. 看做工

做工是判断的第一步，也是最重要的一步。无论仿货仿得如何精湛，它在做工上和正品相比的话一定有所区别，只是看大家是否细心。有的化妆品比如洗面奶之类的需要挤压的产品，整个产品如果鼓鼓的话，那么是仿货的几率就比较大。

2. 看印刷

如果印刷的边缘都不整齐的话，仿货的几率比较大。

3. 闻味道

一般的正品护肤品味道很小、很自然，香味雅致，淡雅清新，给人一种心旷神怡的享受。如果香味比较浓、比较香，有一种劣质香水的味道，这种是仿货的几率比较大。

4. 看条纹

膏状体的化妆品条纹一般是比较均衡、清晰的，而仿品则参差不齐。千万不要轻易地相信什么防伪码、防伪电话查询和手机查询，以及 CIQ 这些东西，它们全部是仿货厂商自己可以制作出来的。

从味道和做工这两方面判断，很容易发现化妆品是否为假货。

第二节　修饰类化妆品的选择与使用

美容化妆品是美容化妆的重要物质条件之一。美容化妆品选择是否得当，直接影响美容的效果。要保护好自己的皮肤，塑造美好的形象，首先要了解美容化妆品的种类、用法，具备鉴别、使用美容化妆品的能力。

一、美容化妆品的分类

1. 按产品颜色划分

美容化妆品可以分为无色化妆品（即护肤品）、有色化妆品。

2. 按产品形态划分

美容化妆品可以分为液体类、膏霜乳液类、粉类、凝胶类、蜡类和膜类。

1）膏类

适用于油性皮肤。以洁白细腻、稀稠适中，无硬化颗粒，不出水，不干缩者为佳。

2）霜类

油性较大，适用于干性、中性皮肤，以光亮、细腻、水油不分离者为佳。

3）乳液类

适用于油性皮肤，夏季使用。以晶莹剔透、无杂质、不浑浊、不外溢者为佳。

4）膜类

适用于将皮肤与外界隔离，促进皮肤吸收营养，以纠正和改善问题皮肤。

3. 按产品用途划分

美容化妆品可以分为清洁类、护肤类、修饰类、特殊用途类。

1）清洁类

主要起清洁皮肤的作用。

2）护肤类

主要起滋润、保护皮肤的作用。

3）修饰类

主要起修饰容颜、扬长避短的作用。

4）特殊用途类

主要起防晒、祛斑等半永久性装饰和治疗的作用。

二、美容化妆品的原则和使用

1. 选择美容化妆品的原则

1）质地

化妆品以质地细腻、附着力强、均匀自然、不脱妆者为佳。要在日光下试用，方法是用手指蘸少许，在手背上轻轻涂抹，没有微小颗粒，质量好。

2）色泽

要在日光下试用，方法是用手指蘸少许，在手背上轻轻涂抹，上色的是好的，不上色或色泽暗淡，可能是存放太久，起了化学反应。

3）味正

是指气味芬芳，无怪味。

2. 美容化妆品的使用

1）卸妆产品

卸妆产品主要起卸妆的作用。卸妆产品的种类很多，大致分为：卸妆油、卸妆液、卸妆水、卸妆乳、卸妆膏、卸妆摩斯（泡沫）、卸妆啫喱、卸妆巾。

（1）卸妆油

适合干性皮肤的女生，适宜卸比较防水的妆容。植物油的卸装产品比矿物油的卸妆产品要好。但是这类产品容易堵塞毛孔，生成暗疮。其他肤质的女生也要小心使用。

（2）卸妆水

它的质地比水要稠，比油要稀，是给那些不喜欢油腻感的人使用的。适合油性皮肤和混和性皮肤。有的产品要求手要干净而且在干燥情况下使用。这种产品需要在脸上按摩来溶解彩妆，从而也能对皮肤里的黑头及污垢起到一个清洁的作用。

（3）卸妆乳

质地跟普通的洁面产品很像，非常温和。适合干性皮肤和中性皮肤，在妆容不浓的情况下使用效果不错。

（4）卸妆膏

适合疲劳肌肤和经常化妆的女性。质地厚重，密度很大，需要用挖棒取出，用量比较小，卸妆力度较好。

（5）卸妆摩斯（泡沫）

卸妆摩斯是带有细致泡沫的卸妆产品，能温和且完整地卸除脸上的彩妆及污垢。适合脆弱且容易敏感的中干性肌肤。相比起来，卸妆乳是用来帮助卸去妆容的女性护肤产品，水油平衡适中，其油性成分可以洗去污垢，适合日常生活妆容，也适合缺水的肌肤。

（6）卸妆啫喱

适合皮肤偏敏感、皮肤薄、皮肤干的女性。质地柔软，较为清爽，啫喱状相对于水状卸妆来说更好控制用量，保湿效果较好。和卸妆水一样，卸妆力度较弱，偏温和。

（7）卸妆湿巾

卸妆湿巾使用起来又快又方便，但并不是日常护肤的最佳选择。如果不彻底洗去卸妆湿巾中的活性清洁成分、高浓度溶解剂、表面活性剂和乳化性残留物，皮肤有可能受到刺激。这些成分对于干性和敏感皮肤的人来说尤其刺激。一些含有酒精的卸妆湿巾还有可能引起刺痛。卸妆湿巾的特殊包装需要添加防腐剂延长保质期，所以皮肤也有可能受到甲醇等化学物质的侵袭。此外，我们用擦拭动作使用卸妆湿巾，相对于用清水洗脸，与脸的摩擦面更大，更有可能刺激皮肤。在时间紧迫或者条件有限的场合，比如，旅行途中、露营、去健身房等地方无法保证能用洗面奶和清水洗脸，那么卸妆湿巾是一个很好的替代品。对于油性皮肤或者痤疮皮肤的人来说，在没有清水的场合，它更是必需品。当然，长湿疹和酒渣鼻的人最好避免使用卸妆湿巾，因为皮肤受刺激时会加重症状。

注意事项如下：

①卸妆还包括眼部卸妆和唇部卸妆，眼部和唇部的皮肤非常娇嫩脆弱，要用专用的眼唇卸妆产品才行。

②卸妆的时候要先卸眼妆和唇妆，然后再卸面部。

③卸妆后还要用日常的洁面产品再进行洁面程序，这样才可以保护好自己的皮肤。

2）清洁用品

清洁用品主要起清洁皮肤的作用。主要指洗面奶，具体可以分为以下五类：

（1）泡沫型洗面奶，这是平时使用最多的，也就是表面活性剂型，通过表面活性剂对油脂的乳化能力而达到清洁效果。这类产品对水溶型污垢的清洁能力比较强。皂基型洗面奶也是其中一类，但是由于其特性明显，所以一般会和普通表面活性剂洗面奶区别对待。

（2）溶剂型洗面奶，这类产品是靠油与油的溶解能力来去除油性污垢，它主要针对油性污垢，所以一般都是一些卸妆油、清洁霜等。

（3）无泡型洗面奶，这类产品结合了以上两种类型的特点，既使用了适量油分，也含有部分表面活性剂。

（4）胶原型洗面奶，胶原蛋白洗面奶采用无皂基配方，温润舒适，能够有效地去除包括黑色素在内的脸部角质和污垢，使肌肤恢复透明清爽状态。

（5）氨基酸类洁面乳，这类产品兼具皂基产品的泡沫丰富、清洁效果好的特性，而无皂基产品的紧绷感和干燥感，使用时肤感舒适，用后滋润感较强。此类产品从状态上分为两种类型，一种是膏状的，成本超高；另一种是类似于黏稠的洗发水状态的，成本较低。

3）护肤用品

（1）化妆水

保湿水、爽肤水、收敛水、柔肤水统称为化妆水。

①保湿化妆水

对于肌肤干燥，特别是受空调日晒等影响下的肌肤，相当适用。它具有保湿护肤效果，通常是在夜间使用。保湿水添加的是保湿剂，还有少量的香料、色素、界面活性剂、防腐剂及酒精。市面上 90%以上的化妆水属于此类。

②收敛水、紧肤水和收敛水

是强调收敛功能的化妆水。成分中通常添加收敛剂、酒精等，能让毛孔附近的角质蛋白凝结，达到控油、缩小毛孔的目的。也有部分产品，添加抗衰老成分，使皮肤看上去有紧致的效果。收敛水主要以收敛作用为主，它能有效地收敛毛孔，调理肌肤。通常适用于白天，可以在每天早晨洗完脸之后、化妆之前使用，既能在白天收敛粗大毛孔防止尘埃进入毛孔内，又能使持久妆效果良好，所以肌肤白腻、容易掉妆的人使用是最合适不过的。

③柔软水

具有去角质功效，如果肌肤粗糙，用它一擦即能除去多余角质使肌肤变得柔软。一般洗完脸之后使用，再用其他保养品，就像浇花时先松软土质后才更易吸收水分、养分一样，因此它有促使下一步保养品更好吸收的功效。不过因它有去角质作用，而肌肤新陈代谢 28 天为一周期是不能破坏的，所以应避免使用过多，特别是皮肤薄的人。

④爽肤水

不仅有再清洁功能，还有补水、收敛、控油、抗敏舒缓等功效，有的还含有软化角质的成分。它的成分表中大部分都含有酒精，哪怕是低敏配方，这也是它让你擦起来感觉很清凉舒爽的原因之一。

（2）乳液

乳液具有良好的润肤作用，也有保湿效果，特别适合干燥的春秋两季使用，如果肌肤是中性皮肤，也可以冬季使用。春秋两季使用时，除了润肤保湿效果外，还可以隔离外界干燥的气候，防止肌肤水分流失过快，避免肌肤干裂、起皮，是干燥季节外出时必用的护肤品。

根据自己的肤质和季节选择乳液：

a. 无油型乳液：可控油、收敛毛孔，适用于油性皮肤。

b. 滋润营养型乳液：适用于干性皮肤。

（3）面霜

面霜可提供双重抗老化作用，可刺激细胞新生能量，同时促进胶原蛋白合成，改善肌肤表层的纹理与肤色均匀度，使肌肤更细致。同时含有可提供 SPF15 的滤光系统与可保护肌肤对抗环境污染的辣木精华，保持肌肤不受光的直接伤害。干性皮肤适合使用面霜，油性及混合性皮肤适合不含油分的面霜。干燥季节，如秋冬季节，适合使用质地较厚的面霜，而炎热季节，如春夏，适合使用质地清爽的乳液。

①保湿面霜

含水度高，容易推均匀并且快速渗透到皮肤表皮，容易被吸收，保水度高。可以让滋润皮肤的成分容易被留存下来，不容易被蒸发，维持皮肤一定的含水量。不油腻，油分含量少，还有控油效果。保湿成分有玻尿酸（透明质酸）、甘油、氨基酸、胶原蛋白、维生素原 B5、AHA 等。需要注意的是，甘油是传统的保湿产品，但它主要通过吸收外界水分来保持湿度，所以天气干燥的北方并不适用。

②美白面霜

成分安全，不刺激，不含酒精，温和。见效太快的美白产品对皮肤的刺激更大。美白产品通常会滋润不够，挑选保湿效果好的美白成分更容易吸收。美白成分有熊果素、传明酸、鞣花酸、左旋 C 等。需要注意某些美白成分容易会氧化，要小心保存和使用。

③抗衰老面霜

要保湿效果好，保湿效果好才能促进抗衰老成分的吸收。同时也要滋润效果好，开始老化的肌肤除了水分不足之外，油分也开始减少，充分滋润才能防止皱纹产生。抗衰老成分有维生素 A、胶原蛋白、胜肽和 Q10 等。

（4）精华素

精华素含有微量元素、胶原蛋白、血清，它的作用有防衰老、抗皱、保湿、美白、去斑等等。精华素分为水剂和油剂两种，所提取的是高营养物质并将其浓缩。

常用精华素有以下几种：

a. 植物精华素

对皮肤刺激小，适合各类皮肤。

b. 果酸精华素

具有较强的毛孔收敛功效，可使肌肤紧致光滑，但过敏性肤质不适用。

c. 动物精华素

具有抗皱、防干燥的功效，如王浆精华、鲨烯精华等，性质温厚、养分充足，适用于缺水性肌肤。

d. 维生素精华素

维生素精华素针对性较强，且不少维生素都属水溶性，必须采用按压密闭式小瓶包装，否则其浓缩成分的生物活性会大打折扣。

e. 基因精华素

可抵抗皮肤老化，预防并淡化皱纹，深层滋养肌肤，恢复肌肤弹性及张力，补充水分，排除毒素，有效地去除皱纹与色素，使皮肤恢复光泽和弹性，有效地淡化脸上的皱纹和斑点。

（5）润唇膏

润唇膏的主要作用是为双唇锁住水分提供屏障，它的基本成分离不开凡士林和蜡质，不过现在也有不含蜡质的新配方，还有含维生素 A、E 等抗氧化成分以及 SPF 防晒功能。

润唇膏主要成分的具体功效如下：

a. 凡士林：较滋润而不渗透，能长时间留在嘴唇上。

b. 薄荷：一种香料，有清凉和消炎止痒的作用。

c. 樟脑：有消炎、镇痛和帮助伤口愈合的作用。

d. 羊毛脂：一种很有效的润肤剂。

e. 芦荟：有防晒、润肤、保湿和祛斑的功效。

f. 维生素 E：可防止皮肤粗糙、开裂，以及预防出现斑疹、皱纹和粉刺。

（6）护手霜

护手霜是一种能愈合及抚平肌肤裂痕，有效预防及治疗秋冬季手部粗糙干裂的护肤产品，秋冬季节经常使用，可以使手部皮肤更加细嫩滋润。

①修复型护手霜

修复型护手霜适合对象：有老化纹路的双手，因老化而布满纹路的双手应选用抗皱修复型护手霜。

常见成分有：酵母、蜂王浆、肉豆蔻籽、水解大豆蛋白、氨基酸、覆盆子、苦樱、西洋芹籽、桑白皮。

②保湿型护手霜

保湿型护手霜适合对象：上班族，长期处在空调房，手部既干燥缺水又遭遇电脑近距离辐射，所以高度滋润保湿成为首要环节。

常见成分如下：

a. 吸水型保湿剂，有葡萄糖、蜂蜜、玫瑰水、麦芽糖醇、玻尿酸等。

b. 保水型保湿剂，有芥菜油、乳油木果油、葵花籽油、金盏花油、夏威夷核果油、矿物油、凡士林、海鲛油、荷荷芭油、矽油、三酸甘油酯。

③除角质型护手霜

除角质型护手霜适合对象：因劳作而粗糙的肤质，手部的角质层很发达，手掌特别容易形成厚厚的老茧或是出现倒刺和死皮，含果酸成分或去角质颗粒较强的护手霜使手部肌肤较细滑。

常见成分有：果酸、水杨酸、聚乙烯颗粒、氧化铝、杏核仁颗粒。

（7）眼霜

是护肤类化妆产品之一。有滋润功效，除了可以减少黑眼圈、眼袋问题外，同时也具备改善皱纹、细纹的功效。眼霜是用来保护眼睛周围比较薄的这一层皮肤。眼霜对眼袋、黑眼圈、鱼尾纹等都有一定的效用，但是不同的眼霜有不同的作用。眼霜的种类很多，大致分为眼膜、眼胶、眼部啫喱、眼贴、功能型眼霜等；从功能上分为滋润眼霜、紧实眼霜、保湿眼霜、抗老化眼霜、抗敏眼霜等。

①按照材质分类

a. 眼膜：眼膜就像面膜一样，是一种眼部肌肤的急救妙方，能够快速减轻熬夜导致的浮肿和黑眼圈现象。它能快速补充水分，消除疲劳，增强肌肤的弹性。

b. 眼胶：又叫眼部啫喱。功效同眼霜，多用于消除眼袋、黑眼圈，舒缓眼部肌肤症状。由于其质地清爽不油腻，对于细嫩的眼周肌肤几乎没有不适感。

c. 功能型眼霜：功能型眼霜较之眼胶质地更为浓稠，它能滋润眼周肌肤，改善皱纹、细纹，减轻黑眼圈、眼袋等问题。

②按照功能分类

a. 滋润眼霜：眼霜含有更多的水嫩滋润成分，其保湿功能较强，适合干燥的秋冬季节和在空调房间工作的女性。

b. 紧实眼霜：富含特殊的滋养成分，油性成分高于滋润眼霜，适合黑眼圈和皮肤衰老现象显著者，以及极干性肤质者。

c. 抗老化眼霜：能抗皱、防晒，适合夏季和电脑操作者使用。

d. 抗敏眼霜：适合敏感性肤质的女性。

（8）防晒霜

是指添加了能阻隔或吸收紫外线的防晒剂来达到防止肌肤被晒黑、晒伤的化妆品。根据防晒原理，可将防晒霜分为物理防晒霜、化学防晒霜。防晒霜需要根据具体的对象来选择不同 SPF 或 PA 值的产品，以达到防晒的目的。防晒霜的作用原理是将皮肤与紫外线隔离开。防晒乳跟防晒霜的主要区别在于物理性状，霜剂一般的含水量在 60% 左右，比较稠，呈膏状；而乳液，含水量在 70% 以上，比较稀，有流动性。一般来讲，乳液比霜清爽，因为水分含量比较高。

①物理防晒霜

利用防晒粒子在肌肤表面形成防护层，反射紫外线中可能对肌肤产生伤害的光波，达到保护肌肤的目的。物理防晒的粒子一般停留在肌肤表面，不会被肌肤吸收，所以对肌肤造成的负担比较小，也不容易造成肌肤敏感。

②化学防晒霜

通过某些化学物质和细胞相结合，在细胞受损之前，先将紫外线中可能对肌肤产生伤害的部分吸收掉，以达到防晒的目的。

三、彩妆化妆品的应用

1. 隔离霜/妆前乳

很多人会把妆前乳和隔离霜混为一谈，其实两者的侧重点不同。

妆前乳的主要功效是用来修饰脸部肌肤颜色中的色泽不均匀和暗沉的现象，同时还能在一定程度上抚平毛孔，从而让后续涂上的粉底可以更好地隐去毛孔，从而让肌肤呈现出细腻光滑的效果。

隔离霜是肌肤隔离辐射、紫外线、电气污染等伤害的重要防护层，是保护肌肤的重要步骤。它可以阻止粉底进入肌肤堵塞毛孔，隔离彩妆对肌肤的伤害，有利于彩妆的二妆，让妆容更加均匀。

妆前乳和隔离霜的区别主要是妆前乳以修饰肤色为主要任务，而隔离霜则以隔离为主要任务。虽然性质不同，但在颜色的选择上却是相同的。总的来说，妆前乳和隔离霜的颜色可以分为有色和无色两种。有色的隔离霜分为紫色、绿色、蓝色、粉色、近肤色五种，无色的隔离霜为透明状和白色。不同的颜色代表不同的修容作用。

（1）紫色：紫色隔离霜具有中和黄色的作用，所以它适合普通肌肤、稍偏黄的肌肤使用。它的作用是使皮肤呈现健康明亮、白里透红的色彩。

（2）绿色：绿色隔离霜可以中和面部过多的红色，使肌肤呈现亮白的完美效果。另外，还可有效减轻痘痕的明显程度。

（3）蓝色：蓝色隔离霜是专为发黑、发青、晦暗的皮肤而设计的。使用蓝色的隔离霜之后，皮肤明度增加，显现健康轻盈色泽。

（4）粉色：粉色隔离霜适合泛白、缺乏血色、没有光泽度的皮肤。可以较温和地修饰肤色，使皮肤看起来"粉红"得自然、恰当，选用粉色修饰能使肌肤显得更加纯净、白皙、动人。

（5）近肤色：近肤色隔离霜不具备调色功能，但具有高度的滋润效果。适合皮肤红润、肤色正常的人使用。

2. 粉底

粉底又叫底色，用于化妆打底、修饰皮肤，具有很强的修饰性。其作用表现在：可用来统一面部色调，遮盖瑕疵；修正肤色、改善肤质，使肤色洁净、协调、光滑、透亮；使彩妆更易附着，让妆色更亮丽、持久；调整面部轮廓和立体感，使脸型更加美观；塑造不同的形象风格。粉底的主要成分是油脂、水和色粉。其种类很多，应根据肤质、肤色、季节、妆型的不同选择粉底。一般以质地细腻、附着力强、透气性好、持久性佳、延展性好、色号全、含铅量低、符合专业要求者为佳。

1）粉底的作用

（1）保持皮肤滋润。

（2）帮助肌肤抵抗外界刺激，防御紫外线和辐射。

（3）调整肤色，改善皮肤质感。

（4）塑造面部立体感。

2）粉底的分类

（1）按粉底的形态分类，可分为粉饼，粉底液和粉底霜、粉底膏。

①粉饼

粉饼的主要成分是水和色粉，呈块状，含油脂少，光滑透明，透气性强，使用简单，携带方便，适用于油多汗多者、上妆、定妆、补妆。以细滑、无杂质、黏合力强、香味柔和、无刺激、不易碎、不起粉末者为佳。

a. 干粉饼

特点是可使皮肤细腻干爽，自然透明，肤色均匀，但遮盖力差、易脱妆。适用于油性皮肤、夏季化妆、简易生活妆、补妆、定妆。用法是用干海绵或粉扑直接涂抹，大粉刷直接刷。

b. 干湿两用粉饼

特点是光滑透明，可使皮肤细腻自然，遮盖力较强。干用粉饼柔和沉实，沾水使用滋润透明，不易脱妆，适用于任何肤质、四季化妆、日常生活、补妆、快速化妆。用法和干粉饼相同，也可用微湿海绵涂抹。

②粉底液

粉底液的特点是水分多，油脂少，可使皮肤滋润、娇嫩、光滑、亮丽，使用方便，最易上妆，效果真实自然，但遮盖力弱。适用于干性皮肤、淡妆。用法是用手或海绵涂抹。

常用的粉底液有以下三种：

a. 滋润型

特点是可使皮肤透明亮泽，质感好，光泽自然，适用于中性、干性皮肤在秋冬季使用。用法是用手或海绵涂抹。

b. 哑光型

特点是无光泽，有粉质感，具有含蓄美，适用于中性、油脂皮肤。用法是用手或海绵涂抹。

c. 不脱色型

特点是皮肤紧致，有清爽感，不易脱妆，适用于油性皮肤、夏季使用。用法是涂匀后用手或海绵涂抹。

③粉底霜、粉底膏

粉底霜、粉底膏的特点是油脂和色粉含量偏高，附着力强，遮盖力较强，自然，但不持久。适用于淡妆、浓妆。淡妆薄涂，浓妆厚施。也用来遮盖疤痕、黑斑、雀斑等瑕疵。注意：肤色和粉底相近，妆面才自然。

常用的粉底霜、粉底膏有以下三种：

a. 偏油质

特点是亮泽滋润，遮盖力、附着力较强，适用于干性、中性皮肤。用法是用手或海绵均匀涂抹或拍按。

b. 偏粉质

特点是粉质感强，遮盖力、附着力很强，适用于油性和中性皮肤。用法是用手或海绵均匀涂抹或拍按。

c. 粉妆条

粉妆条的特点是质地接近粉底膏，呈条状，油脂和色粉含量较高，质感较厚，遮盖力强，适用于干性皮肤、冬季化妆、浓妆、修饰面廓和塑造立体效果。

④遮瑕膏

遮瑕膏的特点是成分与粉妆条相似，质地致密，遮盖力最强，适用于伤疤、黑斑、雀斑、暗疮、眼袋、黑眼圈等局部遮盖。用法是根据不同的情况选择不同的产品，可参考粉底液的使用方法。遮斑部位涂抹分量要恰当，可用手指或小号笔刷蘸取涂抹。

（2）按粉底颜色分类，可分为肤色系和彩色系。

①肤色系

a. 米白色

用于提高亮色，突出立体感，遮盖黑眼圈、眼袋。

b. 嫩肉色

用于营造粉嫩效果，提亮深扶色，是女性的基础肤色。

c. 自然色

用于表现自然、柔和的真实扶色，是女性的基础肤色。

d. 健康色

用于表现健康、时尚感，也用于浅肤色女性化淡妆的阴影色。

e. 浅棕色

用于女性肤色偏深者，以及男性、皮肤有瑕疵者、自然肤色女性的阴影色。

f. 深棕色

用于阴影色、浓妆阴影色，弥补轮廓缺陷，强调立体感，塑造厚重的深肤色。

②彩色系

a. 粉色

用于遮盖苍白皮肤，增加红润感。

b. 橘色

用于遮盖偏紫皮肤、棕色黑眼圈。

c. 黄色

用于塑造健康古铜的肤色，改善暗沉偏黑肤色和黑眼圈。

d. 浅绿色

用于遮盖偏红皮肤、红血丝，增加清爽感，使皮肤透亮年轻，用于生活妆。

e. 浅蓝色

用于改善黑皮肤、黄皮肤，使皮肤色彩健康、轻盈。

f. 紫色

用于遮盖偏黄皮肤，使皮肤红润、亮泽。

（3）按粉底性质分类，可分为亲水性粉底、亲油性粉底和水溶性粉底。

a. 亲水性粉底

特点是清爽不堵塞毛孔，但遮盖性差。适用于淡妆、年轻的女性。

b. 亲油性粉底

特点是偏油，遮盖性强，易调整。用于浓妆、干性皮肤。

c. 水溶性粉底

特点是质地细腻，有吸水能力，不堵塞毛孔，但遮盖性强。用于夏季、油性皮肤。

（4）按粉底效果分类，可分为滋润质地、粉感质地和油亮质地。

a. 滋润质地

特点是可使皮肤润泽平衡，自然健康。

b. 粉感质地

特点是可使皮肤紧致、清爽，呈粉质感、古典感。用法是先用常用粉底后，加大量哑光蜜粉或无光泽粉底按压。

c. 油亮质地

特点是可使皮肤有自然、透明、水嫩的油光，呈夏日感。用法是薄涂粉底液后不定妆，或在粉底膏里加几滴婴儿油轻抹。它的作用是可使皮肤有亮泽、细致、自然的珠光效果，呈时尚感。

（5）粉底的选择

①根据肤质选择粉底

a. 干性、成熟性皮肤，应选择滋润度高的粉底液。

b. 油性皮肤，选择质地轻盈、油脂少的粉底液，使用两用粉饼。

②根据肤色选择粉底

生活中的粉底色应选择与肤色相近或略浅一号的产品。过白的粉底画出来虚假，过深的粉底会显得太暗。一般白种人用粉红色系的粉底较好，黑种人用红棕色系的粉底较好，黄种人用象牙白或偏黄的粉底较好。

a. 偏白肤色

可选用淡粉色粉底，增加血色。

b. 偏红肤色

可选用略带淡红色的粉底，或用略带绿色的粉底抑制红色。

c. 偏黄肤色

可选用肉色略带黄色的粉底，或用略带紫色的粉底抑制黄色。

d. 偏深肤色

可选用橘黄、浅棕色。

e. 普通肤色

可选用白色、自然色、小麦色的粉底改善肤色。

③根据妆型选择粉底

a. 淡妆

选择自然感的粉底色。

b. 浓妆

随意性较强，根据特殊的需要选择，如舞会、新娘妆等；若是晚妆，因光线较暗，可选择肤色稍亮的粉底。

④根据形象风格和特点选择粉底

可以根据不同的形象风格和特点选择粉底色。

3. 散粉/蜜粉

散粉是化妆品的一种，专业名称是"定妆粉"，又名"蜜粉"。一般都含有精细的滑石粉，有吸收面部多余油脂、减少面部油光的作用，可以全面调整肤色，令妆容更持久、柔滑细致，并可防止脱妆。多用于彩妆的最后一步，刷好散粉，就代表妆容完成。此外，散粉还有遮盖脸上瑕疵的功效，令妆容看上去更为柔和，尤其适用于日常生活妆。

1）根据不同肤质选不同工具

①油性肤质：粉扑每次抓粉的量都会比较多，与皮肤接触的面积也比粉刷大，不容易让妆很快"脱落"。

②中性肤质：散粉刷是使用散粉时必不可少的一件利器。粉刷的蘸粉量要比粉扑小得多，没有厚重的堆积感。

③混合性肤质：在T形区爱出油的部位可以选用粉扑，让整个妆容显得细腻而厚实；而脸颊比较干燥，可以选用粉刷。

④干性肤质：干性皮肤适合用粉刷轻扫散粉，但如果你的皮肤很干，最好还是省去散粉这步，以免发生浮粉现象。

2）散粉的颜色类型

①象牙白散粉属于大众自然色，适用于普通肤色的女性，能起到定妆和提亮肤色的作用。

②紫色散粉可用来调节发黄、暗沉的肤色，肌肤无光泽的人，将紫色蜜粉轻刷于全脸，能立即摆脱"黄脸婆"的境况。

③绿色散粉可用来调节发红或发黑的不均匀脸色。如果皮肤在春天的风里会泛红，一盒绿色的散粉最适合。

④粉色散粉适合肤色较白、没有血色的人，因为它能够让脸色马上出现红润的健康感觉。

⑤蓝色散粉适合脸上有雀斑的人选用。因为蓝色具有良好的转移效果，在眼睛下方与整个脸部刷上薄薄一层蓝色蜜粉，可以让脸庞更立体。

⑥珠光散粉。在用带有珠光的散粉的时候，注意要增加鼻翼两侧的扑粉量，让整个妆面保持一致。还可以把带有珠光的散粉打在裸露的身体部位，如颈部、手臂、背部等，可以塑造晶莹剔透的肌肤质感。使用珠光散粉需要注意的是，脸部即使有不明显的瑕疵也一定要用上遮瑕膏遮住，不然这会更加突出瑕疵。需要强调的是，带有闪光颗粒的蜜粉不适合极油肤质的人选用，因为闪光颗粒会使脸看起来更油。

4. 腮红

腮红，是涂在面庞上使肤色红润的化妆品，有粉质的和油质的两种，使用后会使面颊呈现健康红润的颜色。腮红是修饰脸型、美化肤色的最佳工具。腮红蕴含天然矿物粉精，粉质轻盈、柔和细腻，优雅的粉饰能打造娇艳欲滴的双颊，使脸部更显立体感，演绎出恬美亮彩的妆容。特点是：温和的粉红末使用起来的效果更加有质感和真实效果，体现出一种自然健康的美，适合油性皮肤和混合型皮肤。它能够有效抑制油光，使用时为了避免"下手过重"，可以先在手背上事先涂抹，减少刷头上的粉。

1）膏状腮红

有油性，附着力强、延展性好，易于与肤色衔接，妆效油亮自然。膏状腮红的作用不容低估，能够让妆容更自然、更持久。先打好基础粉底，在脸颊比较宽大、需要修饰的位置用深色粉底。随后直接在两边颧骨抹上膏状腮红。用手或小海绵轻轻涂开，让其与周围肤色粉底的过渡尽量自然，浓淡适中，最后用手掌轻拍，使腮红更服帖。

2）粉状腮红

质地轻薄、透亮，使用便捷，易上色。选择合适的腮红颜色，可以参考整个妆面的色调来决定。如果眼影和唇膏选用了粉红色，腮红也最好是同色系的。粉状腮红带来细腻的肌肤质感和真实的红润效果。用大刷子蘸取适量腮红，轻按在面颊正面偏上的位置；随后由前向后涂刷，用刷毛的侧面接触皮肤，"轻"和"顺势"是成功的关键。

3）液体腮红

呈水状、含油少或不含油。薄而易干，附着力强，但不易涂抹。用于油性皮肤。用法是用细孔海绵或手指涂抹，定妆前使用。

5. 眼影

用于对眼部周围的化妆，以"色"与"影"使之具有立体感。眼影有粉末状、棒状、膏状、乳液状和铅笔状。颜色十分多样，可分为暖色调、冷色调与无彩色调三种。一般而言，眼影的首要作用就是要赋予眼部立体感，并透过色彩使眼部更有张力。霜状眼影的使用期限为1~2年，粉状眼影因不会氧化也不含水，维持时间较久。眼影存放在室温下即可，不要在阳光下暴晒，以防褪色。若出现异味则不宜再用。

1）眼影的分类

（1）按形态分类，可分为粉状、笔状、液状和膏状。

a. 粉状

色彩丰富，使用方便，可与膏状配合使用。用于任何妆面，也可描画眼部、鼻窝。用法是定妆后，用眼影刷或眼影海绵棒晕染。

b. 笔状

质软、清爽，颜色丰富，使用简便。用于简单的生活妆。用法是定妆前涂抹，再用手指或眼影海绵棒推匀，蜜粉定妆。

c. 液状

水状易干、附着力强。用于油性皮肤。方法是定妆前用手指涂抹。

d. 膏状

色浓、鲜亮，滋润光滑，但颜色单一，不易干。用于浓妆、干性皮肤。眼部多皱者不宜使用。用法是定妆前用手指或眼影海绵棒晕染，蜜粉定妆。

（2）按效果分类，可分为影色、明色和装饰色。

a. 影色

可制造眼部的凹陷感，强调立体感，有收缩效果。一般选用暗色系做收敛色，如深棕色、浅棕色等。

b. 明色

可制造眼部的凸出部位，强调眼部立体感，使眼睛明亮有神。一般选用米色、白色、浅珠光色、浅金色、浅银色等作为突出色。

c. 装饰色

可突出眼影局部，引起注意，有装饰效果。包含影色和明色。一般选择与服装饰品、口红相配的颜色作为装饰色。也可以用棕色塑造眼睛的立体感，用紫色增加眼睛的神色，用嫩粉色、白色、银色使眼睛明亮时尚等。

2）根据肤色选择眼影色

a. 白色皮肤

适合任何色系，粉红眼影更显得皮肤光洁。

b. 偏黄皮肤

可选用偏红的粉底液调整肤色，再选棕色、橙色眼影。

c. 小麦肤色

可选用金棕色、绿色、橙色。

6. 眼线笔、眼线膏、眼线液

这几种工具皆用于描画眼线，使眼睛轮廓分明，或调整形状，增加眼睛的立体感。眼线笔、眼线膏、眼线液用于描画眼线，使眼睛轮廓鲜明，或调整形状，增加眼睛的立体感，使眼睛更有神采。颜色以黑色、棕色、灰色为主。黑色适合较深的瞳孔，棕色适合浅色瞳孔、淡发色，灰色适合褐色、冷色瞳孔，显得自然。颜色的选择要接近眉色、睫毛色、瞳孔色、眼影色。

眼线笔、眼线膏、眼线液的使用如下所述。

1）眼线笔

用于描画形状，自然柔和，使用方便但防水性差，易脱妆，用于生活妆，也可当笔用。以笔芯质地细软、不松散、低过敏、低刺激、颜色饱和、均匀、不结块者为佳。用法是削成鸭嘴状，沿睫毛根部描画。眼线胶笔属于其中一类。

2）眼线膏

水用效果好，干后防水，有浓淡虚实变化，不伤皮肤。用于专业化妆师，蘸水用适合浓妆。用法是用尖细笔刷蘸水溶解使用。

3）眼线液

上色效果好，线条清晰较浓密，不易脱妆，不伤皮肤，但难掌握，不便修改。用于操作熟练者、浓妆。以质地细软、低过敏、低刺激、毛刷不开叉、有弹性、易干、显色、防水者为佳。用法是先摇均匀，在面纸上擦拭多余墨液，均匀描画。防水眼线液更能提神，有光度，不易晕妆，适用于晚妆。

7. 眉笔、眉粉、染眉膏

可以修饰眉型，加强眉色，增加眉毛的立体感。可单用，也可混用。可根据发色、肤色、妆型等选择。一般选择与发色相近的颜色，也可考虑眼部的妆色、睫毛色、瞳孔色。常用的颜色有黑色、黑褐色、深灰色、棕色。颜色比头发颜色浅才自然。一般黑发、黑瞳孔者选用深棕色、浅黑色、黑灰色；发浅肤白者或棕色瞳孔者用棕色；金发或栗色、浅棕色发，可选用米色、灰色等中冷色调。黑色用于眉稀疏者，可明确眉形，但不用于生活妆。不同颜色的深浅结合，可以表现眉毛的立体感。

眉笔、眉粉、染眉膏的使用如下所述。

1）眉笔

使用方便，线条流畅、清晰。用于画眉，也可代替眼线笔。以笔芯偏硬、不易溶化、易上色、持久性强者为佳。用法是削成鸭嘴状或砍刀状，画时力度小而匀。

2）眉粉

自然柔和，可改变眉色，但易脱妆。用于确定基础眉型、眉型较好者。可与眉笔搭配使用，以粉质较紧、不掉粉者为佳。用法是用扁斜毛短的眉刷蘸取轻刷，用量宜少，局部用眉笔强调。

3）染眉膏

用于改变眉色，固定眉毛的方向，增加立体感。强调眉的方向用透明色，如要柔和感用棕色，如要清晰感用黑色。以质地细腻者为佳。用法是用螺旋状眉刷蘸取涂刷或用彩色自然型睫毛膏。

8. 唇膏、唇彩、唇蜜、唇釉、染唇液

1）唇膏

就是最原始、最常见的口红，一般是固体，质地比唇彩和唇蜜要干和硬。具体分为以下四类：

①护唇膏

滋润、有光泽，但易脱落。可单独使用，也可加在口红上使用。多用于老年人、干唇者、唇部鲜艳者，或配合唇膏使用，增加光泽。

②滋润型唇膏

自然、润泽、油分多，透明、光泽度适中，但易掉色。用于保护唇部、一般生活妆。

③珠光型唇膏

透明、绚丽、亮彩，有现代感。用于突出唇部时尚妆、晚妆等。

④哑光型唇膏

不透明，粉质偏干，覆盖力强，着色均匀，油分少，不易掉色。用于哑光型妆，不易脱妆。

2）唇彩

唇彩的膏体柔软而富有质感。呈黏稠液状或薄体膏状。除了常见的棒状液体唇彩之外，还有质地比较黏稠的半固体或固体唇彩，效果介于唇膏和唇彩中间。

3）唇蜜

一般来说，颜色都非常淡，属于啫喱型，视觉效果是晶莹剔透，一般都用它和唇膏搭配使用，较少单独使用。

4）唇釉

兼具晶透与清澈唇色，能防上晕染并且长时间保持鲜艳唇色。唇纹较深的人适合用黏稠质地的唇彩和唇釉，因为质地稀薄的很容易将颜色和亮粉聚集到唇纹里面去，甚至在唇纹处溢出，从而使唇纹更明显，并会模糊嘴唇的轮廓。

5）染唇液

染唇液的颜色感觉很像水彩颜料，就是把表面皮肤染色了，并没有凸起的感觉，既不是哑光，也不是高光。质地比较湿润，显色度差不多，持久力强，不容易卸掉。

9. 睫毛膏

睫毛膏可以弥补睫毛过淡、过短、过细等不足，使睫毛浓密、纤长、亮泽、有弹性，有梦幻般的感觉，也可防水定型。以清爽不浓稠者为佳。一般根据化妆需要、睫毛卷长状况、眼睛的样子进行选择。睫毛膏的颜色和毛发色、瞳孔色要统一，或和眼部色彩协调。东方人以黑色、深灰色、棕色为主，鲜艳的适合晚上用。肤色、发色较浅者，可选择棕色，不会显得沉重。用法是用睫毛刷蘸取睫毛膏后，从睫毛根部向上、向外涂刷，干后眨眼。

1）常用睫毛膏的类型

①自然型

清爽自然，可使睫毛自然卷翘，增加光泽，不易晕妆。用于睫毛易晕妆者、涂染下睫毛。用法是取出后稍干使用。

②浓密型

加浓、加密睫毛，易固定，但易晕妆。用于稀疏色淡的上睫毛。用法是在未干前梳理。

③加长型

制造纤长效果，不易晕妆，但易缠结，不够自然。用于双眼皮大眼睛、天生稀短睫毛、上睫毛。用法是从根部刷起，从根部挑开。

④透明型

无色，光泽自然。可增加睫毛的弹性、卷度。用于天生睫毛长者、无痕迹化妆、固定眉毛方向。用法是在睫毛未干时刷涂。

⑤防水型

防水，不易晕妆。用于长时间维持妆效、易出汗者、游泳时。用法是晕开后使用卸妆液擦拭。

⑥彩色型

色彩丰富。用于色彩化妆，配合眼部色彩，方法是选准色彩，从根部刷起，梳理。

⑦闪亮型

有闪光颗粒、时尚、前卫。用于华丽时尚妆型，如模特妆、新娘妆、晚妆，要避免闪光颗粒掉入眼中。

2）睫毛膏的选择方法

①根据眼睛的条件选择睫毛膏。

a. 双眼皮、大眼睛者，可选择卷翘加长的睫毛膏，使眼睛大而明亮。

b. 睫毛长、稀疏、色淡者，可选择丰盈、加密的睫毛膏，使眼睛大而有神。

c. 上眼睑宽者，可选择深色睫毛膏，可收缩眼睑的面积。

d. 眼距较小者，可选择浓密型的睫毛膏，强调中部和内眼角部位的睫毛，以拉小眼距。

②根据自己的睫毛条件选择睫毛膏。

a. 睫毛粗硬者：选择刷毛粗厚的睫毛膏。

b. 睫毛短细者：选择小巧、可使睫毛纤长、浓密的睫毛膏。

c. 睫毛细软者：选择滋润、浓密、纤长效果的螺旋状睫毛膏。

d. 睫毛向下者：选择刷头较宽、刷毛多、间隔大、卷翘、增长型的睫毛膏。

③根据场合选择睫毛膏。

a. 上班或会议：可选择定型修饰睫毛膏或透明的睫毛液。

b. 晚宴、派对：可选择浓密防水型睫毛膏或无色睫毛膏，外加假睫毛。

c. 摄影：可选择长时间防水并能应付摄影光的纤长型睫毛膏。

④根据不同的光线选择睫毛膏。

a. 白天：可选择黑色睫毛膏，以提亮眼神。

b. 灯光下：可选择蓝色睫毛膏，可产生幽暗的反光效果。

c. 宴会上：可选择金色睫毛膏，可点亮整体妆容，只挑几根涂染。

10. 指甲油

指甲油用于装饰指甲，美化手部。指甲油色彩丰富，可根据个人的手型、肤色、职业、服饰、化妆色选择指甲油。最好与口红的色彩相同，或与服装色彩、肤色相呼应。

（1）肤色浅者：指甲油可深可浅。

（2）肤色深者：可选择深色的指甲油，使手部显得清爽干净。

（3）职员、学生：可选择典雅、稳重的红色系、浅粉色、半透明色指甲油，显得自然。

（4）手指粗大者：可选择深色指甲油，使手显得纤细。

（5）手指粗短者：可选择用和肤色相同颜色的指甲油，使手指显得修长。

（6）手干瘦者：可选明亮色的指甲油，使手显得丰满。

第三节　常用化妆工具的选择与使用

在化妆过程中，化妆工具起着至关重要的作用。古语说得好："工欲善其事，必先利其器。"好的化妆工具在保证化妆质量的同时还可以提高化妆工作的效率。因此，学习化妆的人准备一套好品质的化妆用具是必不可少的。深入了解化妆所需要的一些基本工具和辅助工具，就能在化妆时做到从容自如，有的放矢，并能根据自己的特殊爱好和需要，适当地增添或删除一些可有可无的化妆工具。

一、基础化妆工具

常用的基础化妆工具如下所述。

1. 化妆海绵

化妆海绵用于涂抹粉底，可使粉底均匀，并与皮肤紧密结合，也可用于卸妆。海绵形状、大小多样，可根据需要选择。使用方法是把海绵浸湿挤干，使其微潮，蘸取粉底均匀涂于面部。用毕洗净晾干，放于干净的塑料袋或容器中。化妆海绵种类多样，大致分为以下几种：

1）海绵粉扑

海绵粉扑的形状主要分为片状和块状，可规则可不规则。常见的有正方形、长方形、圆柱形、菱形等。如图 3.1 所示。

2）美妆蛋

美妆蛋的形状有水滴形、葫芦形、多面形等多种形状，用来上底妆时，各有各的细节处理优势和使用手法。美妆蛋的功能也不局限于上粉底，还可用来去角质、涂眼影、涂腮红、上唇妆及卸妆，可谓是一物多用。用美妆蛋上粉底妆感轻薄自然，均匀服帖、亲肤、触感柔和，上妆速度快，但不易清洁，不易保存，容易吸粉、滋生细菌。上妆时以点按为主，轻推为辅。如图 3.2 所示。

图 3.1　海绵粉扑

图 3.2　美妆蛋

3）气垫粉扑

气垫粉扑的结构较为复杂，主体部分由面料层、弹力海绵层、PU 皮层三部分构成，外加丝带，令试用体验更为舒适方便。气垫粉扑适用范围广，操作携带方便，上妆速度快且服帖，但清洗有一定难度且寿命短暂。如图 3.3 所示。

4）硅胶粉扑

硅胶粉扑遮瑕力强、光泽感好，经久耐用，容易保存，但上妆速度慢，不易处理细节。如图 3.4 所示。

图 3.3　气垫粉扑

图 3.4　硅胶粉扑

2. 粉底刷

粉底刷是庞大且繁杂的化妆刷家族中一个重要的分支，化妆刷的刷毛有动物毛和合成纤维毛两种，但是粉底刷一般只用合成纤维毛。因为相较于动物毛，纤维毛表面比较光滑，比较适合膏状和液体状的底妆产品。同时为避免刷毛刺痛面部皮肤，且把底妆产品涂抹均匀，粉底刷建议选择触感柔软的纤维毛刷。根据刷头的不同，粉底刷大致可分为舌形刷、斜角平头刷、圆头刷和牙刷形粉底刷。

1）舌形刷

因形状扁平、顶端有一定弧度的舌头而得名，在处理细节方面比较方便，且容易发挥遮瑕力。适合偏干性皮肤使用。想涂抹均匀要来回涂好几遍，因此上妆速度比较慢，且容易留下粉痕，适合用来上比较稀薄的妆。如图 3.5 所示。

2）平头刷

平头刷遮瑕度适中，方便处理脸部的细节区域。上妆速度要比舌形刷快很多，适合干性皮肤使用。使用时采用少量多次戳按的方式，不仅不容易留下刷痕，还能让底妆更加服帖。如图 3.6 所示。

图 3.5 舌形刷

图 3.6 平头刷

3）圆头刷

受力均匀，不易产生刷痕，可以用来上稠度高的粉底，遮瑕力较高。使用时采用打圈的方式推开粉底，但此方式易引起皮屑翻卷，因此比起干性皮肤，油性皮肤更适合使用圆头刷。如图 3.7 所示。

4）牙刷形粉底刷

牙刷形粉底刷刷毛多而密、柔且软，分布均匀，亲肤，不留粉也不沾粉。操作简单，使用时直接推开粉底即可，是适合初学者使用的底妆刷。如图 3.8 所示。

图 3.7 圆头刷

图 3.8 牙刷形粉底刷

3. 棉片与棉签

棉片柔软干爽，密度较大，释水性强，携带方便。可用于涂抹化妆水、擦污垢和卸妆。以天然棉花或蚕丝制品为佳。棉签用于擦拭不当化妆、晕染眼影等。以棉球部分呈圆形者为佳。化彩妆时，可用尖头棉签，将棉签头压扁补妆，如修正眼线，擦去出界的口红、指甲油等。棉签要保持清洁。

4. 吸油纸

吸油纸的流行，与彩妆的流行几乎同步。若干年前，吸油纸的最常见颜色为白色，慢慢地，人们接受了自然的亚麻色，到如今，吸油纸丰富多彩。其实，吸油纸可以说是亚洲的特产，最早出现于日本，日本的女孩们非常在意脸上泛油，她们想尽办法除去脸上的油光，单是吸油纸一项，就有许多不同材质的品种。其中，胶质的吸油纸吸油力强，防水性亦颇高，非常适合油性的肌肤使用，以蓝膜最为常见。

1）粉质吸油纸

这种吸油纸含有细微的粉质，同时兼具吸油与补妆的功效，特别适合有化妆习惯的人。

2）麻质吸油纸

天然麻纸的吸油效果不错，但是纤维相对于其他材质会稍微粗一些，使用时应该轻轻按压脸部，避免伤害细嫩的肌肤。如图 3.9 所示。

3）金箔吸油纸

又叫金叶纸，是古时制造金箔时用来吸取多余油分的纸，纸质好。金箔具有杀菌的作用，并拥有强力的吸油功能，适用于所有肤质，对于脆弱型肌肤来说，也是不错的选择。如图 3.10 所示。

图 3.9　麻质吸油纸

图 3.10　金箔吸油纸

4）蓝膜吸油纸

采用柔软而富有弹性的蓝色胶质的创新质料，触感轻柔，最大的好处是不易破损。蓝膜的吸油量比一般吸油纸多 3 倍，可以彻底去除油光，避免毛孔受阻，在吸油的同时更能保留肌肤必需的水分。如图 3.11 所示。

5）米纸吸油纸

与一般吸油纸在吸收一定油脂呈饱和状态后便无法再吸取有所不同，米纸的纤维特别细致紧密，可将脸上的油脂储存在纤维内，因此可以重复吸油，堪称油性肌肤或出油特别厉害的女人的救星。同时，米纸只吸油不吸粉，不会破坏妆容。如图 3.12 所示。

图 3.11　蓝膜吸油纸

图 3.12　米纸吸油纸

5. 假睫毛胶水

假睫毛胶水主要用于假睫毛的粘接，主要应用于化妆品行业。假睫毛胶水分为黑色胶水、白色胶水两种。黑色胶水可以兼做眼线。眼睛是很容易过敏的部位，如果是敏感肌肤，使用假睫毛胶水之前需要先做下过敏测试。如发现有过敏的情况，请立即停用。如图3.13 所示。

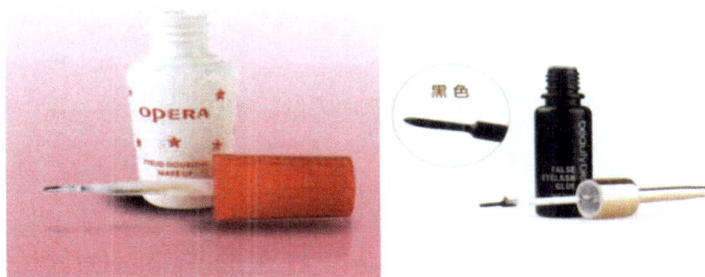

图 3.13　假睫毛胶水

6. 小刀片、卷笔刀

用于削各种铅笔型化妆笔。

7. 消毒棉球

用于擦拭胶水、化妆笔、粉刺针等，也用于消毒。

8. 镜子

化妆常用镜、放大镜，用于拔眉毛、画眼线、刷睫毛。

9. 头罩

用于化妆时收拢头发。

10. 修甲工具

修甲工具用于修剪指甲造型，美化手指、手形，包括：甲剪、甲皮剪、甲铲、甲锉、甲皮夹刀、细驼毛刷等。如图 3.14 所示。

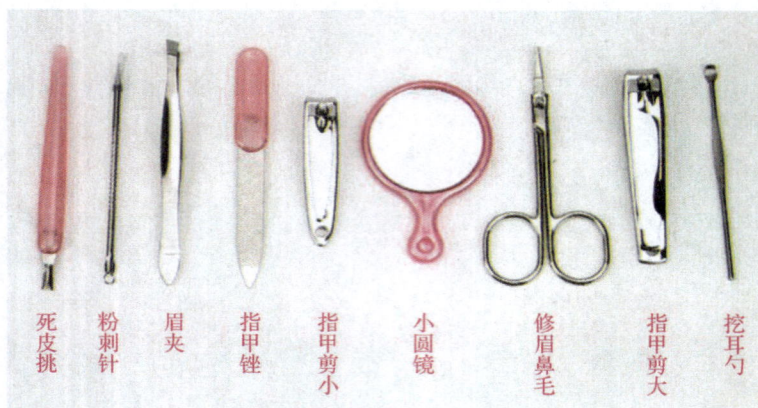

图 3.14　修甲工具

二、化妆刷的种类及使用

化妆刷（如图 3.15 所示）可以分为以下种类：

1. 余粉刷（扇形刷）

用于扫掉面部多余的粉质，是化妆刷中最大的一种。

2. 斜面眉刷

沾取眉粉描画眉毛。

3. 唇刷

用于涂抹唇膏等唇部化妆品。

4. 眼影刷

大号眼影刷主要用来给眼部打底和大面积晕染。

中号眼影刷主要用来过渡晕染、局部提亮，也可用于小面积的眼影涂抹。

小号眼影刷主要用于处理细节，例如，卧蚕和下眼睑的眼影。

5. 眉刷

配合眉粉，能化出相当自然的眉形。较眉笔更易控制力度和浓淡。

6. 眼线刷

沾水后将水溶性眼线粉调和成糊状，描画眼线，效果自然柔和。

7. 遮瑕刷

用于沾取粉底遮盖面部瑕疵、眼袋、黑眼圈以及修改化妆时出现的细小错误，遮瑕时用暗一号粉底。

8. 眼影棒

用来描画色彩浓重的眼影。

9. 唇线刷 (线条刷)

精确勾勒唇型，使双唇色彩饱满均匀，更为持久。

10. 睫毛刷

修整睫毛或者修理眉毛。

11. 眉梳

一种修剪眉毛的工具。

12. 修容刷 (侧影刷)

化妆结束后涂刷阴影色，用于修饰面部轮廓，大号可用于蜜粉刷。

13. 腮红刷

用来刷腮红，腮红刷和修容刷分开使用，以免颜色混合弄脏妆面。

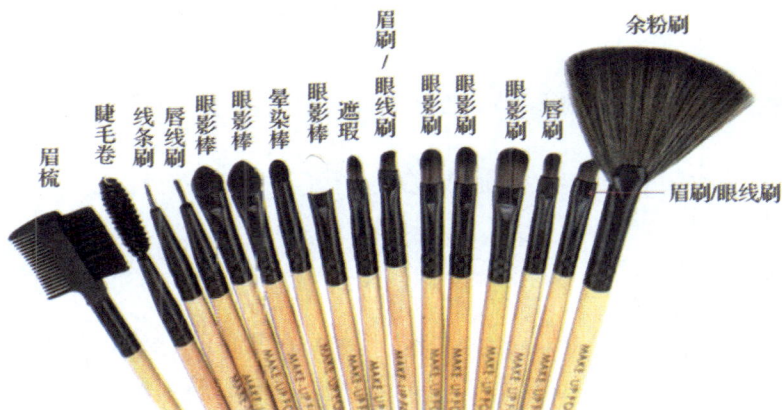

图 3.15　化妆刷

三、化妆刷的选择与保养

化妆"出彩"的关键在于好的化妆刷，因此化妆刷的选择与保养十分重要。

1. 化妆刷的选择

1) 眼影刷

眼影刷的刷毛以动物毛为佳。一般分为小马毛、山羊毛和水貂毛三种，前两种最常见，价位适中；水貂毛是最好的刷毛材质，质地柔软且经洗耐用，也最为昂贵。选购的时候在肌肤上轻扫几下，触感温柔舒适，没有任何刺痛感；用手指夹住刷毛，轻轻往下梳，没有掉毛现象；将刷子轻按在手背上，呈现完美半圆形，剪裁整齐，弧度完美。

2）腮红刷

腮红刷应该是大而松软、富有弹性、制作精良的动物毛刷，毛质要纯正，不易掉毛。腮红刷要保持干净，如化妆时要涂深浅不同的颜红色，最好备有两把腮红刷。

3）化妆刷

质地好的化妆笔应该是笔头形状完整，刷毛排列整齐，无杂毛和分叉，毛质柔软而富有弹性。

2. 刷子的保养

（1）刷子应每两周用精纯的洗发液清洁一次，清洗时只洗毛刷，顺着刷毛进行拍打，切忌刷抹，否则会使之变形。洗净后刷头朝下倒挂于通风处，使其自然阴干。

（2）每月用吹风机保养一次毛刷，使其保持柔软。

（3）唇刷在每次用完后，应用软纸蘸上清洁霜，顺着刷毛擦拭干净，这样既可保持刷毛顺滑，也可使唇膏的色泽鲜艳，不易混色。

四、修饰眼睛的用品

1. 美目贴

美目贴是矫正眼睑宽度及眼睛形状的化妆品。

1）美目贴的作用

美目贴的作用有：单眼皮可以贴成双眼皮；矫正过于下垂的眼睛；矫正两只眼睛的大小；有扩大的感觉。

2）美目贴的分类

美目贴可以分为以下八类，具体如下所述。

（1）胶带状美目贴：有磨砂型与透气型。磨砂型美目贴表面光滑细腻，比较真实，由于质地较软，不易支撑。透气型美目贴表面粗糙、质地较硬，支撑力强，但反光、不易上色。如图 3.16 所示。

图 3.16　胶带美目贴

（2）宽形美目贴：质地厚实，能够贴出比较明显的双眼皮贴，支撑力较强，但隐形效果不好。适合顽固性内双和眼睑脂肪较厚的单眼皮。如图 3.17 所示。

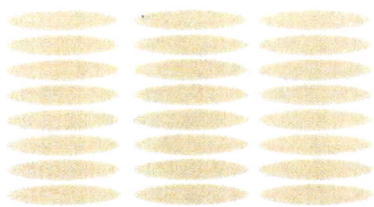

图 3.17　宽形美目贴

（3）月牙形美目贴：使用隐形效果好，能贴出很自然的双眼皮形状。适合眼睑脂肪较薄的内双型眼皮。如图 3.18 所示。

（4）双面透明式美目贴：撕开外面那层白色贴纸，里面是双面透明的，可以把眼皮黏合起来。从上到下，能贴出宽度不同的双眼皮，使用效果自然，不影响上眼影。适合眼皮比较薄，不需要太强支撑力的眼皮。如图 3.19 所示。

图 3.18　月牙形美目贴

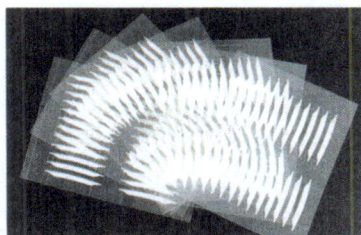

图 3.19　双面透明式美目贴

（5）橄榄形美目贴：两头窄中间宽，可以很好地撑出自然形状，制造大眼睛的效果。适合眼睑脂肪较薄的眼皮。如图 3.20 所示。

（6）纤维条式美目贴：利用纤维的张力以及黏性黏在眼皮脂肪层上，改变表皮下脂肪的分布，显现出自然又独特的双眼皮。适合眼皮很薄的各类眼皮。如图 3.21 所示。

图 3.20　橄榄形美目贴

图 3.21　纤维条式美目贴

（7）双眼皮胶水：通过与眼皮之间的黏合，打造大眼效果，适合各类眼皮。如图 3.22 所示。

（8）蕾丝式美目贴：既隐形又方便。可以化妆之前贴，也可以化妆之后调整眼形。贴的时候先在自己想要的双眼皮位置涂上胶水，然后顺着胶水的痕迹贴上去，待干的时候再睁眼。如图 3.23 所示。

图 3.22　双眼皮胶水

图 3.23　蕾丝式美目贴

2. 假睫毛

假睫毛是美容用品的一种。假睫毛可以增加睫毛的浓度和长度。假睫毛一般有完整型和零散型两种。用法是涂少量专业胶水，让眼睛向下看，放在眼部中央位置，紧靠睫毛根部粘贴。假睫毛要保持清洁。

1）完整型假睫毛

（1）整体性假睫毛

用于修饰整个眼睛，可使睫毛浓密。用睫毛夹从睫毛根部开始，夹翘睫毛，修剪假睫毛，将其长度修剪到最适合自己眼睛的长度。为了保证假睫毛的贴合度，建议轻轻弯曲假睫毛两次，打造出一定的弧度，在假睫毛梗部涂上假睫毛黏合剂后，紧贴真睫毛根部进行粘贴，可用镊子进行位置的微调。如图 3.24 所示。

图 3.24　整体性假睫毛

（2）眼尾用假睫毛

用于修饰眼尾部分。位置是从黑眼珠外到眼尾间。从黑眼珠外侧开始粘贴，再到眼尾。假睫毛不宜过长，黑眼珠外侧处的长度要与真睫毛自然衔接，才真实自然。如图 3.25 所示。

图 3.25　眼尾用假睫毛

2）零散型假睫毛

是两三根或几根组成的假睫毛束。用胶水固定在真睫毛上，弥补局部睫毛残缺，也用于淡妆。如图 3.26 所示。

图 3.26　零散型假睫毛

3）睫毛夹

睫毛夹是一种可使睫毛弯曲上翘，令涂过睫毛膏的眼睫毛看上去既长又翘的化妆工具（如图 3.27 所示）。睫毛夹的形状与眼部的凹凸一致。轻轻闭上眼睛，将睫毛夹对准睫毛位置，夹住持续片刻即可。睫毛夹一般有传统型睫毛夹、局部睫毛夹和下睫毛专用睫毛夹。局部睫毛夹专门用于眼头、眼尾，传统型睫毛夹无法顾及到的边角位置。从材质上分有塑胶材质和不锈钢材质两种。塑胶材质的睫毛夹轻巧、携带方便，但夹睫毛的力度稍微不足，适合外出旅行和睫毛本身比较柔软，喜欢自然卷度的人；不锈钢材质的睫毛夹力度比塑胶的大，轻轻一夹就能使睫毛自然卷翘，但不能折叠收藏，适合毛发较硬，喜欢睫毛明显卷翘的人群使用。

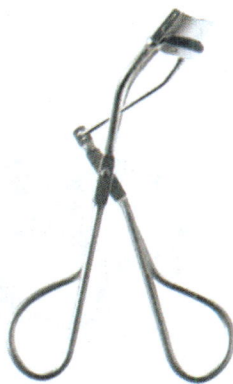

图 3.27　睫毛夹

睫毛夹的使用方法如下：

①眼睛向斜下大约45°的方向看，并把整条上睫毛在心里划分成左方、中间、右方三部分。

②先把睫毛夹贴近上睫毛的中间部分的根部夹一下，中部夹一下，尖部夹一下。每夹一次都要停留3~5秒，以保证每个部位都卷翘。

③夹完中间部分，再以同样的方式夹上睫毛的左右两边。

④夹完上睫毛后，眼睛向斜上方45°看，用与夹上睫毛相同的步骤和方法夹下睫毛。

五、修饰眉毛的化妆工具

1. 修眉用具

1）修眉镊

修眉镊是用于拔除杂乱的眉毛，将眉毛修成理想眉形的用具（如图3.28所示）。美容常用的修眉镊通常用圆头镊。在选购时，要注意捏嘴两端的平整与吻合，否则无法将眉毛夹紧拔掉。

图3.28　修眉镊

使用方法：用修毛镊将眉毛轻轻夹起，并顺着眉毛的生长方向拔除，拔时要一根一根地拔。

2）修眉剪

修眉剪注意一定不要刮伤皮肤（如图3.29所示）。同时，修眉剪不能用于剪指甲、头发、纸张或其他物品，以免破坏刀头或刀锋。

使用方法：先用眉梳按眉毛的生长方向梳理整齐，并将超过眉形部分的眉毛剪掉。

3）修眉刀

修眉刀用于修整眉形及发际多余的眉毛。如图3.30所示。

使用方法：将皮肤绷紧后，刀片与皮肤为45°，将多余的毛发刮掉。

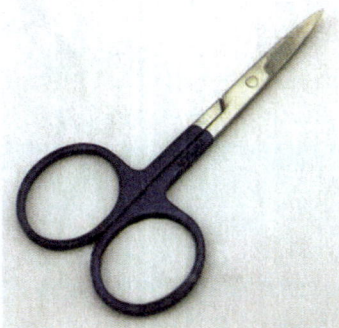
图3.29　修眉剪

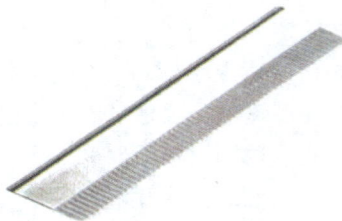
图3.30　修眉刀

2. 梳整工具

1）斜角眉刷

斜角眉刷用于描画眉毛。以刷头呈斜面状、毛质较硬、扁头、短毛者为佳。如图3.31所示。

使用方法：在画过的眉毛上轻扫，以均匀眉色；蘸眉粉轻扫，以加深眉色，调整眉形。

图 3.31　斜角眉刷

2）螺旋状眉刷

螺旋状眉刷用于刷匀眉毛，扫去多余眉粉。多为尼龙材质，呈螺旋状。如图3.32所示。

图 3.32　螺旋状眉刷

3）多功能眉梳

多功能眉梳是眉梳和眉刷合一的化妆工具，如图3.33所示。眉梳梳齿细密，用于修眉毛前梳眉毛，涂睫毛膏时梳睫毛。眉刷毛质粗硬，用于整理眉毛、淡化协调眉色。

使用方法：眉毛画好后沿眉毛生长方向轻刷，用后消毒。

图 3.33　多功能眉梳

【练习题】

1. 形态不同的粉底分为哪几种类型?
2. 简述眼线笔、眼线膏、眼线液的区别及特点。
3. 简述口红的类型与特点。
4. 简述睫毛夹的使用方法。
5. 简述润唇膏的主要成分。
6. 修饰眉毛的化妆工具有哪几种?

第四章 空乘初级化妆技巧——空乘基础妆容

【学习目标】

1. 掌握底妆的基本画法。
2. 掌握标准眉形的画法。
3. 掌握眼影的基本画法。
4. 掌握眼线的基本画法。
5. 掌握腮红的基本画法。
6. 掌握唇妆的基本画法。

第一节 底妆

打造零瑕疵自然底妆，水分饱满的肌肤是前提，过度涂抹遮盖是禁忌，利用粉底色调的区别来提升整体脸部的轮廓感，使透明无瑕的肌肤散发隐隐的光泽又不失自然感。如此来搭配自然的日常裸妆，成为名副其实的"素颜"美女。

无论是什么妆感的底妆，基础的肌肤状态都是非常重要的，在上底妆前，先用化妆水进行充分补水。按照妆前底乳、粉底、遮瑕液、散粉的顺序打造基础底妆，涂抹粉底液时搭配半湿的海绵块可以提升粉底的服帖力，可以将较暗色的粉底涂在脸部轮廓处，紧致脸型，提升立体感。遮瑕液一定要用遮瑕刷涂抹，最大限度地隐藏遮盖瑕疵，营造出自然的洁净底妆（如图4.1所示）。打造自然底妆的具体步骤如下：

（1）用化妆水充分浸湿化妆棉，从内向外随着肌肤纹理轻轻擦拭，起到镇定肌肤的作用（如图4.2所示）。

（2）根据自身的肌肤状况，按照防晒霜、妆前底乳的顺序仔细地涂抹全脸。

（3）将与自身肤色相近的粉底液点在脸部内侧，再选择颜色较深一点的粉底液点在脸部外侧，然后用粉底刷将粉底液均匀地涂开。

图 4.1　基础底妆

图 4.2　擦拭化妆水

（4）用带有一点水分的半湿海绵块仔细地轻轻敲打脸部，使粉底更加均匀、服帖，注意深、浅粉底的分界线处要着重涂匀。如图 4.3 所示。

（5）有斑点的地方点涂遮瑕液，尽量不要过度使用遮瑕产品，如果有过于明显的肌肤状况，将粉底液与遮瑕液以 1∶1 的比例混合后，用遮瑕刷轻柔地自然遮盖。

（6）散粉容易给妆容带来厚重的感觉，用粉扑蘸取适量散粉后，只在眉毛、下巴、鼻子等容易出油的部位轻轻敲打即可。

图 4.3　点涂粉底液

第二节　标准眉形的画法

眉毛是指人体面部位于眼睛上方的毛发。眉毛对眼睛有保护作用，有一定的生长周期，会自然脱落。眉毛也是人脸部美的重要组成部分。

一、眉毛生长结构

眉头——眉毛的起始，稀疏，向上生长。

眉腰——从眉头到眉峰之间，浓密，向上斜着生长。

眉峰——眉毛最高点，在眉毛 2/3 处，色深重实。

眉尾——眉毛的尾端，稀疏，向下生长，色浅较虚。

二、女士标准眉形的画法

眉与眼的距离大概有一眼之隔，眉峰在整个眉长的 2/3 处，眉头的颜色最淡，眉峰和眉腰最重，眉尾画得比较精细。

1. 找出眉尾的位置

眉尾是在鼻翼与眼尾连线的延长线和眉头的水平线的交会处，然后比这里再高一点的位置最标准。

2. 眉毛从下处开始描绘上边缘

由眉腰与眉峰的眉毛交会处开始画，以不超过眉尾、眉毛上缘来描绘。

3. 眉中至眉尾画出眉毛下边缘

描绘边缘都以不超过眉的轮廓为标准，比外缘内缩 1~2 毫米才是下笔位置，同样以眉中央为起点，一直画到眉尾为止。

4. 眉尾的下边缘要修剪整齐

已经画了浅浅的眉毛轮廓，就可以发现往下长的不齐眉尾，用小剪刀的弯头就可以很顺利地修剪出弧形。

5. 上下边缘之间用眉粉补满

对眉毛比较浓密的人来说，用眉粉是最好的方法，补足中间没上色的地方，要顺向、逆向地刷过以让颜色均匀。

标准女士眉形如图 4.4 所示。

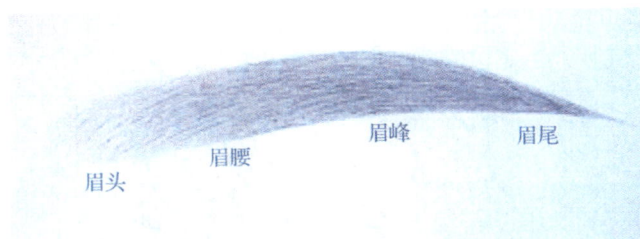

眉峰 眉尾
眉腰
眉头

图 4.4 标准女士眉形

三、男士标准眉形的画法

（1）男生的眉形不要选择修得太细，一定要只修杂眉，以整齐为目的，下面的眉毛，不要修太多，如果不是很乱，干脆不修，这样作为日常妆容会比较自然些。

（2）先平修眉毛以下，让眉毛稍平整一些；然后眉头和眉峰间用刀片修一下，除去杂眉；眉峰和眉尾再修一下，使眉尾利落、明晰。

（3）用刷子调整眉毛的方向，使眉形柔顺。一般情况下不剪男生的眉毛，因为男生眉毛浓些会比较好看。对于男士来说，基本上都是用刷子来调整眉毛的方向，使眉形看起来自然，让眉毛比较柔顺。用稍微硬一些的刷子来捋一下眉毛，让它的方向统一。

图4.5 标准男士眉形

（4）使用和头发相同颜色的染眉膏。梳理好的眉毛形状已经有了，下面就是眉毛的颜色和头发要相同或者接近。用染眉膏来为眉毛上色和塑形，不要有多余的剂量，要保证清晰和根根分明。

（5）用眉笔一笔一笔地仿真描画空隙，来完善眉毛的形状。记住是要自然的颜色，然后填补眉毛的空隙，让眉形完整，眉毛的颜色要均匀。男生的眉形一定是平的形状才会比较好看。标准男士眉形如图4.5所示。

四、注意事项

（1）眉头要清淡、自然，不要下笔过重。眉头要与前眼角在同一条垂直延长线上。

（2）眉峰要圆润，不要出现很明显的棱角，颜色要略微深一点。眉峰平视时在黑眼球后部的垂直延长线上。

（3）眉尾不能低于眉头，眉尾在鼻翼外侧、外眼角的延长线上。

（4）眉毛的颜色要与皮肤的颜色和头发的颜色相协调，才漂亮。不要对眉型做太大的调整，以免失真。左右两条眉毛要尽量对称。要搭配适合自己脸型的眉形，不是一个眉形对于任何脸型都是适用的。

女士眉形画法如图4.6所示。

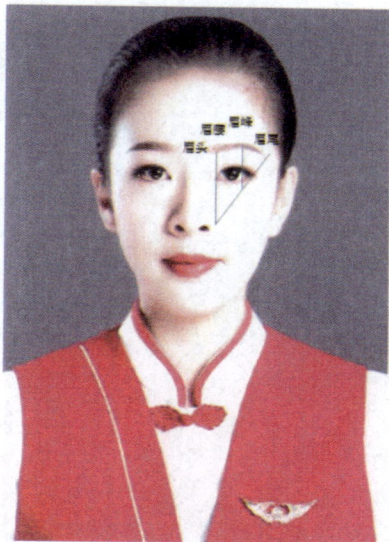

图4.6 女士眉形画法

第三节   眼影的基本画法

眼影画法采用立体晕染。立体晕染就是将素描的绘画方法运用到化妆中，通过眼影颜色的深浅打造眼部立体感的效果。以强调色来涂眼部的结构，面积要小，颜色上也要有深浅过渡，以显得自然柔和。然后再涂外眼角和眼窝、内眼角和下眼睑。外眼角面积稍微大一些，一般用咖啡色来加强。由于东方人的眼皮脂肪较多，所以不会像西方人的眼窝那样有凹陷深邃感。运用此手法可以打造深邃魅力眼妆。

一、抓住眼窝的基本线

以深浅适中的咖啡色眼影，沿着眉骨下方凹陷处描绘出眼窝线条，柔和地画出弧线。如图 4.7 所示。

二、眼头、眼尾加强色度

用略深一些的咖啡色眼影在眼头和眼尾位置画出三角形，描绘出颜色过渡的渐变感。如图 4.8 所示。

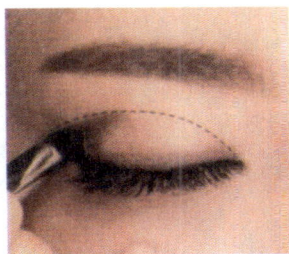

图 4.7   眼窝基本线

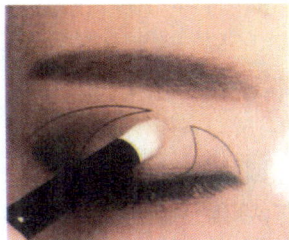

图 4.8   加深眼头、眼尾

三、中间提亮

上眼皮中间部位用亮色眼影进行提亮，像描绘瞳孔般在眼皮上提亮。如图 4.9 所示。

四、以深色做重点

若想展现更加深邃的眼神，在眼窝上可再刷上一层深咖啡眼影以增添深邃感。如图 4.10 所示。

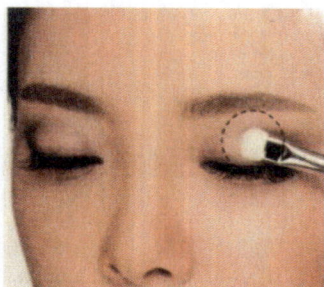

图 4.9　眼部中间提亮

图 4.10　整体眼妆完成

第四节　眼线的基本画法

化妆中很重要的一个环节就是眼线，有没有眼线，整个人的精神相差很多。下面我们分析基础眼线的画法和技巧，能够快速掌握画眼线的技巧。

一、双眼皮的画法

（1）先从眼部上缘中部开始向眼尾描画，眼线尾部稍高于眼尾，根据自身眼型适当延长（如图 4.11 中 a 所示）。

（2）眼尾与上缘眼线衔接，描画出眼线尾梢，由深至浅（如图 4.11 中 b、c 所示）。

（3）将眼头的眼线与之相连，眼头描画时要由细变粗，整体线条要流畅自然（如图 4.11 中 d 所示）。

（4）将眼线与眼皮间的空隙填满，尽量接近睫毛根部（如图 4.11 中 e 所示）。

（5）再采用"渐进式"的重叠上色画法，慢慢地将眼线整体描绘出来（如图 4.11 中 f 所示）。

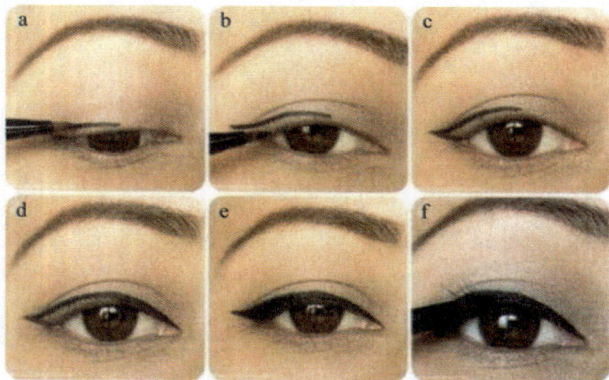

图 4.11　眼线的基本画法

二、内双眼皮的画法

内双眼皮的人常给人态度温柔、气质高雅之感。然而，倘若化妆或服饰选择不慎，就可能会显得苍老、憔悴。因为双眼皮的褶皱在里面，所以内双的人眼皮会显得沉重，没有精神。所以，在画眼妆时，可在眼角和眼尾处下功夫，用色彩的对比来提升眼睛的神采。

可选用极细眼线笔、白色珠光笔、卷翘睫毛膏来为内双眼皮画眼线。具体画法如下：

（1）超纤细眼线：贴近睫毛根部画一条细细的上眼线，注意不要超过眼尾的长度。

（2）留意眼角处的眼线：画内眼角的眼线时不妨画得浓一些、粗一些。觉得不好画的人，可将一面化妆镜举在太阳穴附近，对着镜子再画内眼角就容易多了。

（3）用白色珠光笔画下眼线：从瞳孔稍靠后的位置开始到眼尾（约在眼睛总长的 1/3 处），贴着下眼睑的黏膜用白色珠光笔画上一笔，大眼效果立现。

（4）重中之重的睫毛膏：用睫毛夹将两侧的睫毛各夹 3~4 次，并涂好睫毛膏。让上睫毛尽量地卷翘，下睫毛尽量向脸颊伸展。

（5）活用修长眼型，增强明眸电力，使用纤细的线条和明亮的色彩，最大限度地展示眼尾被藏起来的内双。卷翘的睫毛纵向拉长了眼眸，消除了内双的厚重眼皮，让清爽又电力十足的美目立刻呈现。

内双眼皮眼线的画法如图 4.12 所示。

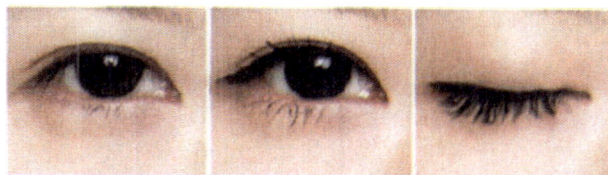

图 4.12　内双眼皮眼线的画法

三、单眼皮的画法

重点是提亮神采。在画眼线时如果打造粗浓的眼线，并且在眼尾处轻微上扬可以达到增大眼睛、提亮神采的效果。下眼线则画细点，再加上浓密卷翘的睫毛就完美了。

（1）给眼窝打底，建议挑选比肤色深的粉底。

（2）用眼线膏从眼睛的内眼角位置开始向眼睛的外侧画一条细细的黑色眼线，最好一笔带过，注意从内眼角画时要轻点，尽量让线条保持一样。

（3）从眼尾向中央方向描绘，最好填满睫毛根部，但也不需要刻意将眼线超出眼尾，只需要轻微上扬。在画眼线的时候建议用另一个指腹将眼尾向上提起，不要太用力。

（4）画下眼线要纤细自然一点，选择深色的咖啡笔比较合适。

单眼皮眼线的画法如图 4.13 所示。

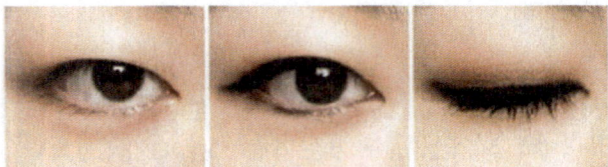

图 4.13　单眼皮眼线的画法

四、丹凤眼的画法

要注意面部轮廓，这种眼型画上眼线会有意想不到的效果，建议选择一款黑色的眼线，可以使得轮廓更柔和清晰。

（1）选择大地色的眼影打底，然后用棉花棒均匀地将其摊开，在眼尾处可以向下一点。注意不要大范围地涂眼影，最好顺着眼形描绘，这样看起来比较自然。

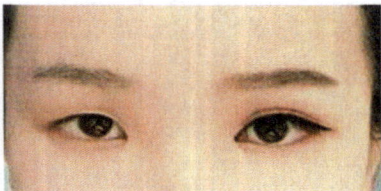

图 4.14　丹凤眼眼线的画法

（2）用眼线笔画眼线，从内到外，注意睫毛空隙也要填满，不要留一处空白，这样可以让眼睛的轮廓看起来更完美。画眼线时也要注意在眼尾处顺着眼形描绘且向下一点，这样可以协调太过上扬的丹凤眼。

（3）可以用眼线液对外眼角轮廓简单修饰。

（4）用眼线笔打造下眼线，注意下眼线不要与上眼线重合，并且与下睫毛根部也要保持一点距离，再用眼线液往外延伸一点，和上眼线尾部的眼线平行。

丹凤眼眼线的画法如图 4.14 所示。

第五节　腮红的基本画法

化完底妆后，很多女生在打不打腮红这部分并不是很重视，其实腮红画得好能让整个妆容更加完美和有活力。

一、画腮红的正确手法

1. 试色

试色决定腮红的取量，在面部涂腮红之前，先在手背上试一下颜色，以避免取量太多，导致涂到脸上时颜色过重，使双颊颜色看起来像"高原红"，成为整体妆容的败笔。

2. 落点

所谓的落点就是指腮红颜色在面部的位置，以此为中心点，将腮红颜色向周边扫开。上腮红时，面对镜子微笑，两颊凸起的颧骨最高的位置就是腮红最佳的落点。由这个落点向两边晕染开，达到自然过渡的效果。根据轻扫方向的不同，所形成的腮红效果也不同。如由前向后扫，可以提升肌肤气色，由后往前扫，则可以起到修容的效果。

3. 合理掌控刷腮红的力度

用刷子在两颊晕染腮红的时候，手部力量十分重要，力度一定要轻。在用刷子蘸取腮红时就要注意，要轻轻蘸取以保证腮红刷的色粉均匀，然后用刷子的毛尖轻轻在两颊以打圈或斜上斜下的方式来回刷，直到腮红与妆面融合在一起，显出自然的效果。

4. 画圈方式不同，腮红效果不同

以打圆圈的方式来上腮红，可以打造出可爱粉嫩的妆容，适合脸型较长较尖者。而以刷长条的方式来打腮红，则能打造出精致小脸的效果，适合圆脸的人。

5. 腮红余粉的利用

在腮红晕染之后，刷子上一般还会剩下一些余粉，这些余粉可以打一点在鼻翼、额头和下巴的位置，打造整体的妆感，使双颊的红晕看起来更自然健康。

腮红画法技巧如图 4.15 所示。

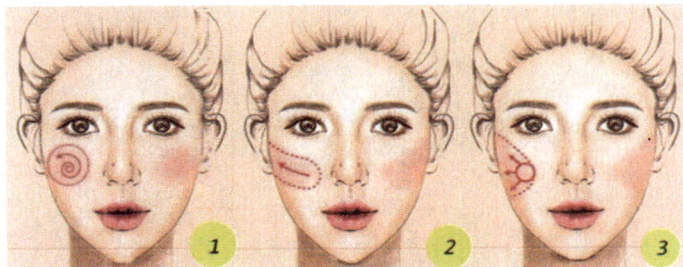

图 4.15　腮红画法技巧

二、选择适合自己肤色的腮红

肤色白皙可选择粉色系腮红，因为浅肤色配粉色腮红可以使脸部白中透点红润的光泽，还能中和过于白皙的肤色，使面部妆容看上去更加自然和谐；标准的黄皮肤色是在亚洲人肤色中占最多的，因此选择橙色系腮红，可以点亮脸颊的透亮感，并且淡淡的橙色看起来非常自然又健康。

深肤色可以选择橘色的腮红，因为深肤色整体来说偏黑，无光泽感，所以橘色可以使面部看起来更加有活力，也能使色泽更加充沛。

第六节　唇妆的基本画法

嘴唇是女性面部器官中最重要的部位之一，画好唇妆可以增添肌肤气色，给人一种鲜活亮丽的感觉。

（1）先用润唇膏滋润唇部，防止嘴唇干裂起皮。

（2）用小块海绵在嘴唇上打一点粉底，可以帮助口红更易推匀，同时还能保持色泽持久。

（3）用唇线勾画嘴唇轮廓。对于初学者来说唇形不容易画对称，掌握好基本画法很重要。

首先用唇线笔在唇部做出标记，先找出 A 点，如图 4.16 所示，然后是唇峰的位置 B 和 B' 点，嘴角的位置 C 和 C' 点，唇底的位置 D 和 D' 点，最后是嘴角与唇底的中间点 E 和 E' 点。画唇形时亚洲人上下唇的黄金比例是 1∶1.5。

（4）唇膏直接上色很容易加深唇纹，所以最好用唇刷上唇膏，而且使用唇刷会使唇膏上色更为均匀。

（5）唇膏涂满后，可用面纸在上下唇之间轻压，以吸去多余的油分。

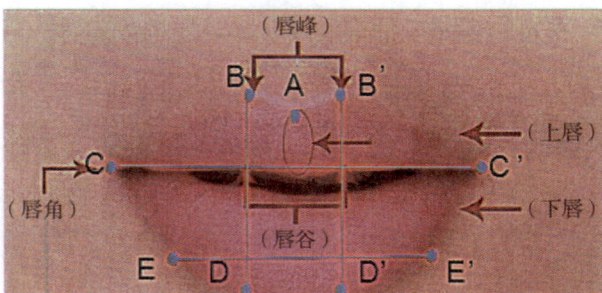

图 4.16　唇妆基本画法

注意事项：无论唇线还是唇膏，都不应涂得太突出或太尖锐，曲线应呈平滑的圆弧形。

【练习题】

1. 练习眼影的晕染方法（素描练习）。
2. 练习眉形的基本画法（素描练习）。
3. 练习唇形的基本画法（素描练习）。
4. 练习化整体妆容。

第五章 空乘中级化妆技巧——空乘甜美妆容

【学习目标】

1. 了解脸型的分类。
2. 掌握光感底妆的画法。
3. 掌握常用眉形的画法。
4. 掌握常用眼线的画法。
5. 了解面部的立体结构。
6. 掌握常见鼻影的画法。
7. 掌握常见腮红的画法。
8. 掌握完美唇形的打造方法。
9. 掌握手部的护理方法。
10. 掌握头发的护理方法与发型设计。

第一节 脸型

一、脸型的分类方法

脸型的分类方法很多。在我国古代的绘画理论和面相书中就有各种各样的分类法，并对脸型赋予了人格的内容。下面介绍几种常见的脸型分类法。

1. 形态法

波契（Boych）将人类的脸型分为十种类型：①圆形脸型；②椭圆形脸型；③卵圆形脸型；④倒卵圆形脸型；⑤方形脸型；⑥长方形脸型；⑦梯形脸型；⑧倒梯形脸型；⑨菱形脸型；⑩五角形脸型。

2. 字形法

我国人根据脸型和汉字的相似之处进行分类的一种方法，通常分为八种类型：①国字形脸型；②目字形脸型；③田字形脸型；④由字形脸型；⑤申字形脸型；⑥甲字形脸型；⑦用字形脸型；⑧风字形脸型。

3. 亚洲人法

根据亚洲人脸型的特点进行分类，一般可以分为八种类型：①杏仁形脸型；②卵圆形脸型；③圆形脸型；④长圆形脸型；⑤方形脸型；⑥长方形脸型；⑦菱形脸型；⑧三角形脸型。

另外，还有人提出，人的脸型是一个立体的三维图像，因此也应该从侧面来进行观察，这是以前所忽略的。的确，从侧面对脸型进行考察确实有助于对容貌进行全面评价。根据人的正侧面轮廓线，将人的脸型分为六种：①下凸形脸型；②中凸形脸型；③上凸形脸型；④直线形脸型；⑤中凹形脸型；⑥和谐形脸型。

二、脸型的判断

不同的脸型，给人的感觉各不相同。即使是同龄人，也存在很大差异，有的人很年轻，有的人很老气。

1. 根据五官判断脸型

从五官上看一般可以分为以下六种脸型：

1）内脸型

内脸型人的五官都朝中间集中。双眼两侧到脸廓的距离长，脸颊面积也较宽大，会让人感觉脸大。

2）外脸型

外脸型的人五官都往外跑，感觉五官扁平，不够出色。

3）上脸型

上脸型的人五官都集中在上半部，脸颊到下巴的距离很长。

4）下脸型

下脸型的人额头很高很宽，五官都往下半部集中。长相可爱，显得孩子气。

5）吊脸型

吊脸型的人眉毛、下眼尾、嘴角全部往上吊，给人凶巴巴的感觉，显得有点俗气。

6）垂脸型

垂脸型的眼睛和脸颊都往下掉，下嘴唇很厚，总是给人一脸倦态的感觉，所以显老。

2. 根据正面的外形判断脸型

脸正面的外形效果最能给人留下直接、深刻的印象。因此从正面看脸型可分为以下六种类型：

1）圆脸

特点：面部圆润丰满，骨骼结构不明显，额角及下颌偏圆。年轻人及较胖者多见。

气质特征：给人一种青春、甜美、可爱、祥和之感。过于圆润则缺乏成熟感。

2）长方形脸

特点：长方形的脸型上下的落差较大，面部窄瘦，横向距离小，肌肉不丰满，且额头较宽。面部整体结构纵向感突出。

气质特征：给人以严肃、成熟之感，不够活泼，缺乏柔美感。

3. 正方形脸

特点：方方正正的脸纵向距离比较短，前额和下颌角棱角分明，面部长度与宽度相近。

气质特征：给人以稳重、坚强的印象，缺乏柔美、轻盈感，过于生硬。

4. 三角形脸

特点：三角形脸的特征是窄额头、宽下巴，又称为"梨形脸"，有的人骨骼明显，有的人丰满圆润。

气质特征：给人安定之感，但容易显得迟钝，有面部下垂的视觉。

5. 倒三角形脸（瓜子脸）

特点：上部略圆，下部略尖，形似瓜子，故称为"瓜子脸"；下部略圆润一些的，一般又称为"心形脸"。在众多脸型之中，瓜子脸是最美的一种脸型。理想瓜子脸的长宽比例为4∶3。

气质特征：给人以俏丽、聪慧、秀气的印象，但也显得单薄、柔弱。

6. 菱形脸

特征：面部多棱角，上额角过窄，颧骨宽大突出，下颌过尖。

气质特征：容易给人留下冷淡、清高、不温和、不易接近的印象。

各种脸型的形状如图5.1所示。

图 5.1   脸型

瘦脸瑜伽

1. 狮子吼

方法：提拉整个脸部、脖子和胸口。跪坐姿，双腿打开，让臀部坐于脚踝上，手臂打直，掌心向内，手腕朝外，动作看起来像一只狮子。吸气后，吐气时的表情像狮子吼，把嘴巴尽量张开，舌头外伸，尽量往下顶到下巴，保持 5 个呼吸，早晚各一次。

2. 眼镜蛇式

方法：让法令纹的肌肉群往上提拉。趴在地上，双脚打开与骨盆同宽，双手放在胸口两侧，将手臂夹在身体两侧，肩膀内收。吸气时上身提起，吐气时骨盆撑地，将脸部表情皱成一团，嘴巴拉成一字状，停留 5 个呼吸，早晚各一次。

3. 骆驼式

方法：貌似倒立的动作，让血液大量充血在脸部，促进脸部循环，拉紧脸部肌肉。双腿打开与骨盆同宽，双手合十放在胸前。吸气时慢慢将骨盆力量向前，吐气时身体往后倾，胸口敞开往后，双手抓住脚踝，嘴巴做出 O 字形，停留 5 秒，早晚各一次。

第二节　光感底妆的画法

在秋冬季节皮肤容易干燥，最适合光感底妆的运用。所谓的光泽感并不是单纯在打底后添加珠光产品而产生的，需要从第一步开始就细细打造，从肌肤深处开始散发出健康、高贵的光泽，在日常生活中显得更为特别。

一、所需要的化妆用品

光感底妆打造所需要的化妆用品如下：

（1）润泽明亮饰底乳：用于水润提亮的打底。

（2）水润美肌粉底液：高含水量提升肌肤光泽。

（3）水润遮瑕液：质地柔软。

（4）轻柔服帖蜜粉饼：用于带有光泽感的定妆。

光感底妆中高光是必不可少的，可以在涂完粉底后，在所使用的海绵块上滴一滴脸部精油，涂在 T 字区与眼部下方，或者可以在鼻梁、额头、颧骨等较为突出的部位加入珠光蜜粉，给予自然光泽，使脸部轮廓更明显。

光感底妆主要是呈现出脸部的立体感，所以需要有较好的肌肤状态，适合皮肤较为光滑、毛孔较小的人群。在进行仔细的基础护肤工作之后，用带有珠光感的饰底乳进行打底，用海绵块或粉底刷少量蘸取并细细地涂抹是要点，涂抹粉底时同样要使用粉底刷，用粉底刷由内向外涂抹。容易出油的部位要用少量的散粉覆盖，抑制过多油脂的分泌。

二、光感底妆的涂抹方式

（1）将含有水分的饰底乳点涂在脸上，再用海绵块从脸部中央开始向外侧均匀涂抹开。

（2）用粉底刷将粉底液从脸部内侧涂抹至脸部外侧，粉底刷与脸部尽量垂直，用刷子的前端快速地向下刷涂，打造出轻盈并带有光亮感的底妆质感。

（3）容易卡粉或粉底涂抹不均匀的部位用海绵块以敲打的方式进行修饰。

（4）皮肤上较为明显的瑕疵用遮瑕液来修饰，配合专用的遮瑕刷可以打造出最自然的遮盖效果。

（5）定妆时，用刷头饱满的散粉刷轻轻扫于脸部。比起散粉，定妆产品最好选择轻薄、服帖度强的粉饼。

（6）在眼部与鼻部周围，或觉得光泽感过强，显得有些油光的部位，可以用带有少量散粉的粉扑轻轻按压。

光感底妆如图5.2所示。

图5.2　光感底妆

第三节　常用眉形的画法

一、女士眉毛的画法

1. 自然眉形

整个眉从眉头到眉梢呈现出缓和的自然弧度，自然、大方。如图5.3所示。

2. 一字眉

呈水平的直线，有的粗而短，有的粗而长，看上去显得很青春，活泼可爱。如图5.4所示。

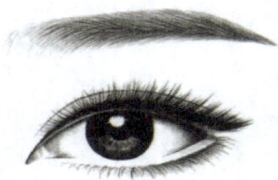

图 5.3　自然眉形

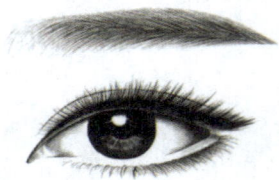

图 5.4　女士一字眉

3. 弧形眉

优雅温和的弧形眉，眉峰弯曲柔和，能显出女性温柔、雅致的一面。如图 5.5 所示。

4. 挑眉

眉头低，眉峰高挑，有棱角，眉峰挑度不同，展现的气质美也不同：自然挑起，看上去精明干练，充满智慧；高高挑起，有欧化感，比较冷艳性感。如图 5.6 所示。

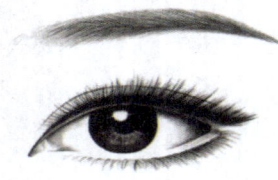

图 5.5　弧形眉

图 5.6　挑眉

二、男士眉毛的画法

男士也和女士一样需要修眉，不要以为修眉只是女人的事，男士修眉也非常重要。修眉不仅体现出一种礼貌，还可以提高个人魅力。男士眉形如图 5.7 所示。

1. 剑眉

这款眉形是男士的标准眉形，搭配圆脸在气场上稍显不足，而这款斜出的眉形眉峰挺拔，显得整个人意气风发，也让脸部更有轮廓感。

2. 一字眉

这款眉形能在视觉上加强脸部宽度，很好地表现出男人硬朗的感觉，适合瘦长脸型。

图 5.7　男士眉形

3. 弦月眉

这款眉形能够表现出瓜子脸的纤细感觉，搭配弦月眉则能显现出优雅的气质。男士剑眉、一字眉、弦月眉如图 5.8 所示。

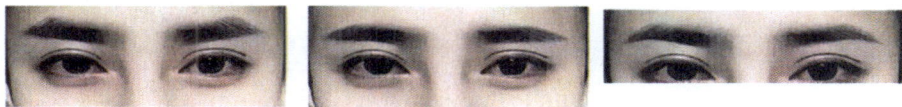

图 5.8　男士剑眉、一字眉、弦月眉

第四节　常用眼线的画法

眼睛是心灵之窗，眼型不妙，则会在视觉上显得双眼无神，不同人的面部轮廓、眼型、气质等相差甚远，所以化妆方式也是千差万别的。眼线是眼妆之重，眼线往往决定个人的气质，使得眼线与个人气质更相符。不同眼型，眼线的画法也不同。调整不理想的眼型，让眼妆更加完美，打造出迷人双眸。

一、不同眼型的眼线画法

1. 圆眼型的眼线画法

适合圆眼的眼线画法为：医圆眼睛和任何眼线都是比较百搭的，所以在画上、下眼线的时候，要把瞳孔位置的眼线进行加粗，使之呈现出一个中间粗两边细的自然弧度，起到放大黑眼球的效果。这种画法可让眼睛看起来更大、更迷人，如同美瞳效果，打造出清新自然的眼妆美。如图 5.9 所示。

2. 长眼型的眼线画法

适合长眼的眼线画法为：在画长眼的眼线时，眼尾的长度要控制得当，并适当拉长眼线尾部的线条。同时还要勾勒出一个微微上翘的自然弧度，使其上下眼线连接平滑自然，此画法可打造出性感妩媚的眼妆美。如图 5.10 所示。

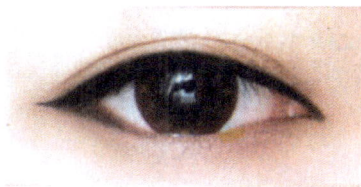

图 5.9　圆眼型眼线画法

图 5.10　长眼型眼线画法

3．下垂眼的眼线画法

适合下垂眼的眼线画法为：可先用遮瑕膏修饰眼尾阴影。眼线要在眼头位置加粗，以调整眼头及眼尾的水平，平衡下垂感。眼尾部分在上扬之余，同样要稍微加粗。如图5.11所示。

4．上扬眼型的眼线画法

适合上扬眼型的眼线画法为：要靠眼线帮助往下拉。眼尾部分要稍微向下，不用刻意拉长或往上画。可配合下眼线从眼中往眼尾画，呈现出圆润的角度。如图5.12所示。

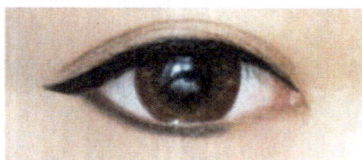

图5.11　下垂眼型眼线画法

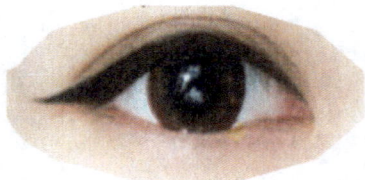

图5.12　上扬眼型眼线画法

5．眼间距较远的眼型眼线的画法

适合眼间距较远的眼型眼线的画法为：眼线要用开眼头的画法，在眼头位置画成尖角，将眼头拉近，而眼尾无须刻意拉长。如图5.13所示。

6．眼间距较近的眼型眼线的画法

适合眼间距较近的眼型眼线的画法为：双眼的距离太近的话，眼线重点要放在眼尾，眼尾部分要比一般眼型拉长约0.5厘米，令眼睛长度增加，让五官更集中。如图5.14所示。

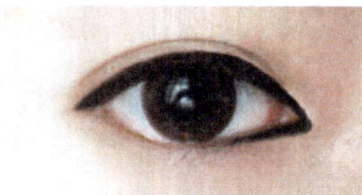

图5.13　眼间距较远的眼型眼线画法

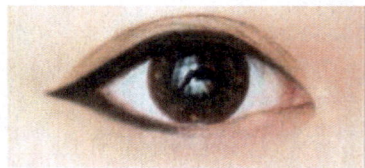

图5.14　眼间距较近的眼型眼线画法

二、画眼线的注意事项

画眼线的注意事项如下：

（1）可以轻轻扑上一层粉底或蜜粉，让眼线的妆效持久、不易晕开，且能抑制眼部出油的情形。

（2）千万别让眼线与眼皮之间有一条空隙，会让眼睛的比例变得很奇怪，尽量画在接近眼睫毛的根部，能加强眼睫毛的浓密感。

（3）以眼线笔或眼影粉，画在靠近眼头的部分，轻轻用手指推开，可以创造出如鼻影般的效果，让鼻子变得较有立体感。

（4）眼线的颜色也是非常重要的，万无一失的颜色仍然是深褐色、铁灰色及黑色，这三种颜色很适合东方人。鲜艳的色彩如橘红色、红色及金色系，应该要随着眼部的彩妆来搭配，否则画不好的话，会与瞳孔的颜色不太协调。

第五节　面部立体结构

作为空乘人员在学习化妆时，我们必须先了解脸型、眉毛、眼睛、鼻子、嘴等正确的基本位置。根据脸部美学专家研究的黄金比例分割线，也就是脸部黄金比例"三庭五眼"，人的五官不管长得怎样，只要在这个比例范围之内，就能产生平衡感。如果脸型、五官不够理想，我们可换这个标准进行矫正、修饰以达到完美。

"三庭"将脸纵向分为"三等份"，即，上庭发际线到眉毛，为一等份，中庭眉毛到鼻尖，为一等份，下庭鼻尖到下巴，为一等份。"五眼"以一只眼为长度，将脸横向分为"五等份"，即，两眼之间正好是一只眼睛的距离，左右眼睛的外眼角到发际线宽度也正好是五只眼睛之宽度。如图 5.15 所示。

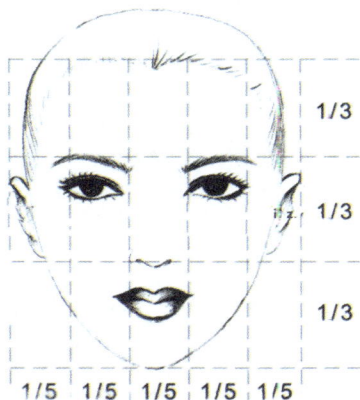

图 5.15　三庭五眼示意图

一、凹陷的面

额沟（即额丘与眉弓及之间的沟状浅阴影）、颞窝、眼窝（即眼球与周骨之间的凹面）、眼球与鼻梁之间的凹面、鼻梁两侧、颧弓下陷、人中沟、颊窝、颏唇沟。如图 5.16 所示。

面部凹陷的面中会影响脸形的是颞窝、颧弓下陷、颊窝。要小心处理，否则有脏感或不健康感，如眼窝过凹容易显老，所以眼影的深浅因人而异。

二、凸出的面

额部、额丘（即额中间部分左右各一，呈圆丘状微凸）、眉弓、眶上缘、鼻梁、颧丘、颧骨、下颌角、下颌骨、下颏、下颏丘等。面部凸出的面中会影响脸形的是额部、颧骨、颧丘、下颏、颏丘、下颌骨、下颌角。如图 5.16 所示。

垂直轴上有"四高三低"，其中"四高"是指，第一高为额头，第二高为鼻尖，第三高为唇珠，第四高为下巴尖。如图 5.17 所示。

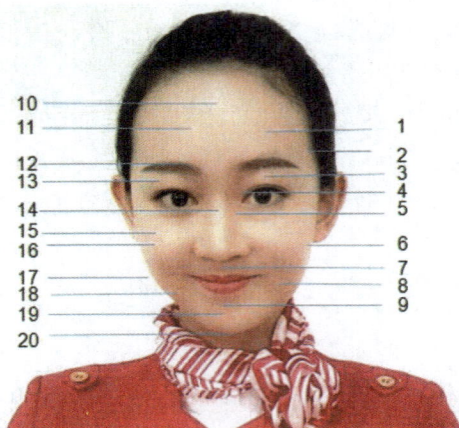

图 5.16 面部凹陷、凸出的面

1—额沟	11—额丘
2—颞窝	12—眉弓
3—眼窝	13—眶上缘
4—眼球与鼻梁之间的凹面	14—鼻梁
5—鼻梁两侧	15—颧丘
6—颧弓下陷	16—颧骨
7—人中沟	17—下颌角
8—颊窝	18—下颌骨
9—颏唇沟	19—下颏
10—额部	20—下颏丘

　　两个眼睛之间，鼻额交界处必须是凹陷的；在唇珠的上方，人中沟是凹陷的；下唇的下方，有一个小小的凹陷称为颏唇沟，这三个凹陷处称之为"三低"。如图 5.17 所示。

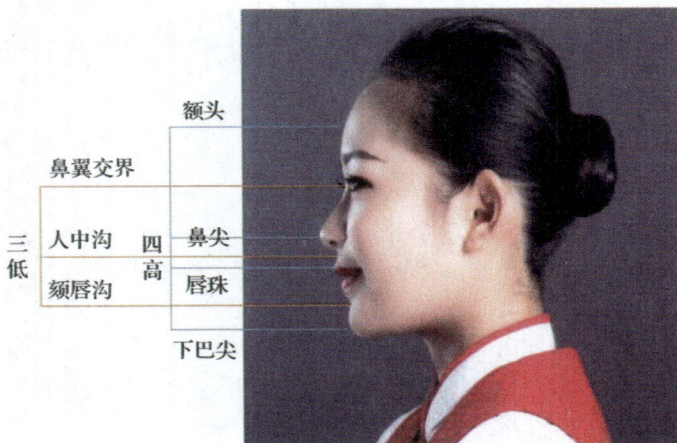

图 5.17 面部"四高三低"

第六节　常见鼻影的画法

一、鼻影根较低、鼻头较大的鼻影画法

（1）主要注重山根和鼻头，鼻影也主要强调这两个地方。重点是化妆时第一笔的下笔，应是整体中比较重的部分，用鼻影刷首先强调这两个地方，也是整个鼻影结构里比较深的地方。如图5.18所示。

（2）随后将晕染刷上多余的阴影粉在纸巾上擦干净，也不要再去沾取新的阴影粉，在之前的基础上将两个最重的区域晕染开，分别向眉头处、鼻梁和鼻头以及最后向鼻翼过渡晕染一下，将色粉区域晕染开。如图5.19所示。

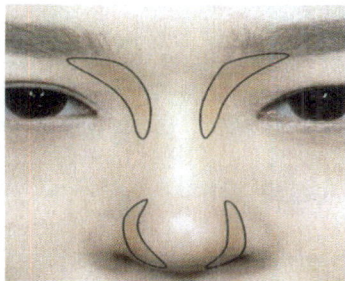

图5.18　鼻影的画法（1）

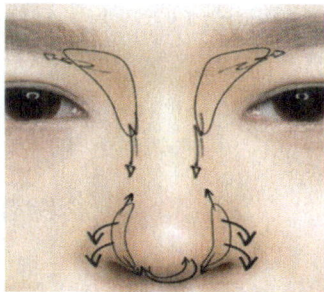

图5.19　鼻影的画法（2）

（3）阴影部分最怕的是高光区域和阴影区域有明显的界线，那样鼻子看着就很不自然，所以可利用哑光高光粉将之前阴影边界处柔化一下，将高光和阴影完美融合起来。如图5.20所示。

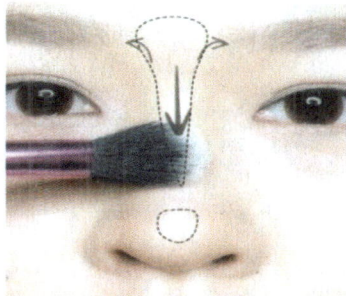

图5.20　鼻影的画法（3）

二、打造顺直鼻梁画法

（1）用扁头眼影刷沿着鼻梁两侧如图 5.21 中箭头指示所示，一般从眉头处用"描"的形式，晕染到鼻头及鼻翼中间凹陷处，切勿画歪，否则鼻梁看起来就是歪的了。

（2）随后用高光刷沾取高光粉在鼻梁处以横向 Z 字形的方式将方才的阴影粉晕染柔和，阴影处才不会像两条很死板的直线。

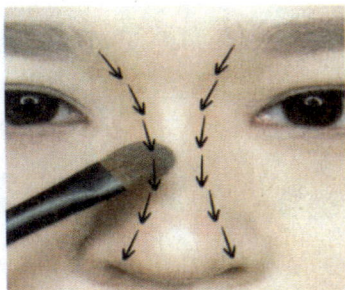

图 5.21　鼻影的画法（4）

三、缩小鼻翼、垫高鼻头的画法

（1）用阴影刷沾取阴影粉后在手心或者虎口处试色，确保阴影粉均匀地附着在刷毛上后，从鼻翼的根部 a 点起笔单向地刷向鼻翼与鼻头的沟壑 b 点。如图 5.22 所示。

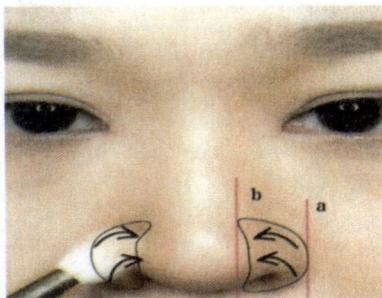

图 5.22　鼻影的画法（5）

第七节　常见腮红的画法

不同脸型画出来的腮红位置、形状不同，妆效也就不同，不同的颜色打造出来的腮红的画法也会有不同的效果。通常我们在画腮红的时候都会打在笑肌处，不过我们可以打破这种传统的腮红的画法。掌握腮红的画法，画出漂亮的腮红可让你的气色更佳，并能修饰脸型，让脸型有收敛效果。

一、突出苹果肌

此种画法适用于面部苹果肌欠缺者。想拥有饱满的苹果肌，最佳的工具就是圆形的腮红刷。用腮红刷蘸取适量的粉色腮红，以垂直脸颊的角度，在笑肌最高处画圈。想要进一步突出饱满的苹果肌，用腮红刷蘸取少量的高光产品，在笑肌处轻扫几下，就能有明显的效果了。如图 5.23 所示。

二、修饰长形脸

长形脸在打造腮红的时候，最好使用平刷。平刷蘸取适量腮红，从瞳孔下方开始向脸颊边缘平扫腮红。腮红画好之后，在眼头、眼尾、太阳穴和眼下需要提亮的部位提亮，可以让脸型更加饱满。如图 5.24 所示。

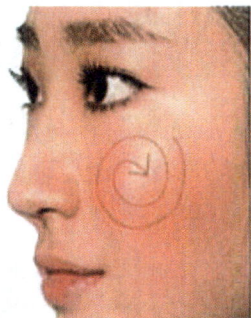

图 5.23　腮红的画法（1）

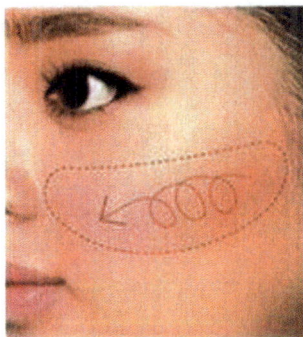

图 5.24　腮红的画法（2）

三、打造立体脸型

面部缺少立体感的女性在画腮红时可以用手指蘸取适量的腮红从眼下位置向太阳穴方向轻轻晕染开。想要脸型看上云更加有存在感，除了腮红之外，还需要在卧蚕下方打亮，同时在颧骨下方扫少量的阴影粉。如图 5.25 所示。

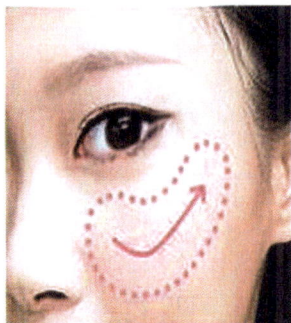

图 5.25　腮红的画法（3）

四、修饰圆形脸

圆形脸画腮红的时候可以先取腮红沿着颧骨下方轻轻涂抹均匀，然后在颧骨边缘加强腮红的存在感。额头中部位置和脸颊中央的部分适当提亮，可以让脸型有效地内缩，加上腮红的画法，就会有很好的瘦脸效果。如图 5.26 所示。

图 5.26　腮红的画法（4）

五、塑造可爱感

通过画腮红可以让人看上去更加可爱，提亮眼周的肌肤，让脸颊看上去更加有光泽。将腮红直接涂抹在卧蚕下方，也就是靠近眼周的地方，注意腮红要适量，同时范围外晕染均匀。如图 5.27 所示。

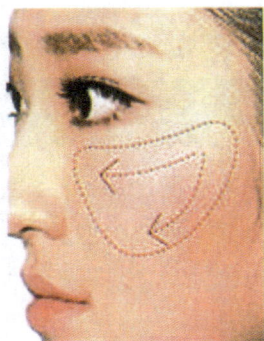

图 5.27　腮红的画法（5）

第八节　完美唇形的打造

根据脸型选择唇形，也是唇妆的一个重要环节，唇形与脸型的合理搭配能体现出整体妆容的完美感。

一、圆脸型

圆润的脸型缺少立体感和棱角，这样的脸型在画唇时应该把唇峰画得锋利一点，唇部轮廓清晰，可用唇线笔。如图 5.28 所示。

图 5.28　圆脸型的唇形

二、方脸型

这种脸型一般比较大，嘴唇应该尽量画得圆润、自然，唇形不要太明确，不用唇线笔。五官间距比较大的，画唇形的时候应该尽量画得饱满，嘴唇不应该画得太小。如图 5.29 所示。

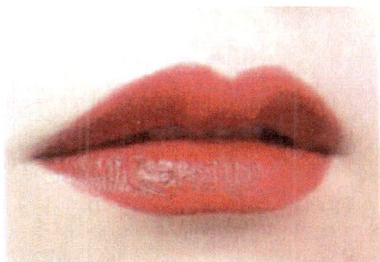

图 5.29　方脸型的唇形

三、倒三角脸型

这种脸型的人一般五官比较聚集，嘴唇一定要画得薄薄的，如果嘴唇比较厚就用遮瑕笔先遮盖。如果小脸型就要控制唇形的大小，切勿画得过大。如图 5.30 所示。

图 5.30　倒三角脸型的唇形

四、椭圆脸型、菱形脸型

椭圆脸型为东方女性的标准脸型，任何唇形都适合，只要根据脸部的大小确定唇形大小即可。空乘甜美妆容以"元宝形"为最佳选择。菱形脸型的最佳唇形也为"元宝形"唇形。如图 5.31 所示。

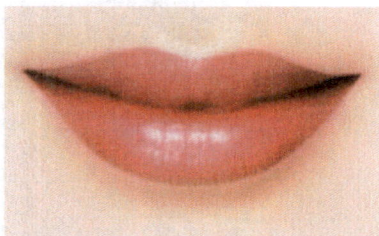

图 5.31　椭圆、菱形脸型的唇形

第九节　手部护理

手是人体表露情感仪态的"第二张面孔"，手部的美是人体美的一个重要组成部分。除面部以外，手部要比身体其他部位暴露在外的时间长，因此手也要比身体其他部位更能体现人们的年龄和职业的特征。这是因为面部可以借助化妆，甚至用整容的手段遮盖缺陷，而手部皮肤的缺陷就很难掩饰了。对手部皮肤及时进行护理是延缓手部皮肤衰老，使之光滑细嫩、洁白秀美的根本手段。人们的双手由于生活和工作的需要，必然会经常接触各种物体和刺激，如风吹、日晒、污物及化学物质的损伤，所以手部皮肤很容易老化，这就需要加以细心呵护，尤其是要重视日常的护理。

一、手部皮肤的日常护理

手部皮肤护理的原则是随时随地、每天持续，也就是说从洗手开始就要注意呵护。

（一）护理原则

（1）选择"对"的清洁品，注意成分中以含维生素 E 与 B 为主的产品，避免碱性过强的清洁品是主要原则。

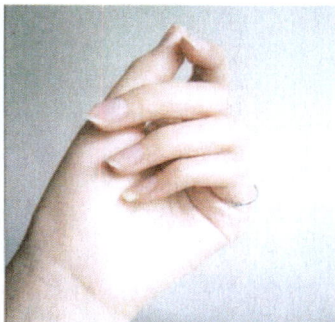

图 5.32　手部护理效果示意图

（2）洗碗时请戴上手套，避免清洁剂的皂碱伤害。

（3）去角质，一周一次的去角质工作，使用手部专用去角质霜以避免过粗颗粒的刺激。

（4）注重滋养与呵护，只要感觉干燥就随时涂上护手霜。白天时最好选择有 SPF 防晒系数的日用护手霜，避免晒黑或晒斑的形成。

（5）加强滋养，利用睡眠时间增强滋养，可以涂上乳液、乳霜后戴上手套以利于吸收。或者以保鲜膜包裹双手数分钟，也可加强吸收滋养。

手部护理效果示意图如图 5.32 所示。

（二）护理程序

1. 深层清洁

选择含有蛋白质的磨砂膏混和手部护理乳液，按摩手背和掌部，蛋白质及磨砂粒能帮助漂白及深层洁净皮肤，去除死皮和促进细胞新陈代谢。

2. 舒缓修护

用有舒缓作用的手部修护乳涂抹于手部，注意选择含有维生素及蛋白质的产品，能帮助促进细胞新陈代谢及迅速改善皮肤弹性，令皮肤柔软润泽。

3. 手部按摩

涂搽较油性的滋润护肤乳于手背上的指节及粗糙位置，可软化粗糙皮肤及关节部位，还能充分滋润防护。再混合护手霜及手部按摩油按摩双手。如图 5.33 所示。

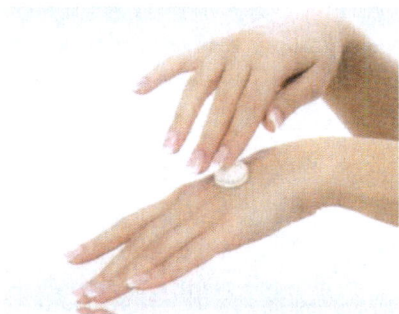

图 5.33　手部护理

4. 深层护理

涂上手膜后，用保鲜纸、热毛巾或棉手套包裹约 10 分钟，有助于巩固皮下组织及深层滋润肌肤。

5. 完美保护

最后涂搽防皱润肤霜，加强润泽肌肤及锁紧已经吸收的养分，让双手皮肤迅速恢复娇嫩柔滑。

二、指甲的护理

手部的护理除了皮肤，更不能忽视指甲的修护。指甲具有保护指端的功能。它是皮肤的附属器官，主要是由角质蛋白组成的。健康的指甲应该是光滑、亮泽、圆润饱满、呈粉红色，指甲每个月生长 3 毫米左右，新陈代谢周期为半年。指甲的生长速度随季节发生变化，一般夏季生长速度较快，冬季较缓慢。指甲主要由三大部分组成，包括指甲尖（指甲前缘）、甲盖（甲体）和甲根甲基。

有些人平素有挖指甲、咬指甲的癖好，这影响了指甲的正常发育，甚至会使指甲板向两侧生长，嵌入软组织，刺激甲沟而发生甲沟炎或化脓性肉芽肿，形成"嵌甲"，影响美观。戴人造指甲往往会因指甲透气性差而使指甲软化。经常用温水和肥皂洗手，用刷子清除指甲下的污垢，可除去手上的病菌，避免有害微生物在指甲藏垢中滋生，有助于防止指甲疾病。由癣菌感染所致的灰指甲，通常采用杀灭霉菌的药物治疗。

（一）基本护理过程

（1）每次洗过手后最好用毛巾、棉签将指甲向基座按一下。

（2）每晚睡前可用凡士林、维生素 E 油对指甲进行揉搓、按摩。

（3）闲暇时可将指甲浸泡在温油中约 5 分钟，以便除去粗糙，然后用杏仁粉或玉米粉来回进行按摩。

（4）在除掉指甲下松动悬着的皮肤时，最好再用新鲜的柠檬汁、凡士林或维生素 E 涂敷该部位。

（二）指甲护理的注意事项

（1）尽量减少直接用指甲接触东西，或将指甲当作工具来使用，以指肉代替指甲，减少伤及指甲的机会。

（2）保持手部干燥，在干燥的情况下病菌不易生长，感染的机会就会减少。

（3）减少接触各种刺激物，如肥皂、有机溶剂等。如果必须要接触刺激物，尽可能戴保护性的手套。

（4）选择不含甲醛或丙酮的指甲油或亮光剂，而以含醋酸盐的产品替代。使用的次数最好不要超过一周一次，指甲油停留在指甲上的时间不要超过 5 天。

（5）对于受伤或破裂的指甲，可用市面上售卖的指甲修护霜涂抹，隔天一次。指甲修护霜以含有果酸或磷脂质成分者为佳。

第十节　头发的护理与发型

一、头发的作用

头发是人体的重要组成部分，自婴儿出生起就伴随着我们一生，头发是皮肤的附属物。头发对人的生活有十分重要的作用。

1. 美容作用

有一头乌黑亮丽的秀发，修理得整洁大方、长短适度，呈现在众人面前时，给人一种潇洒飘逸、美的享受；相反，如果弄得蓬松邋遢，肮脏不堪，就会给人一种不愉快的感觉。

2. 保护作用

成千上万根头发包裹着头颅，自然形成对头部的第一道防线。浓密、健康、清洁的头发，能使头部免受外界机械性和细菌的损害，对健康起着重要作用。

3. 感觉作用

头发的感觉比较灵敏，当外界环境对人体有所影响时，不管风吹雨淋，还是日晒火烤，首先感觉到的是头发，由它发出的信息传送到大脑，从而采取多种防护措施。

4. 调节作用

头发能发挥调节体温的作用。冬天，寒风凛冽，血管收缩，头发能使头部保持一定的热量；夏天，烈日炎炎，血管扩张，头发又能向外散发热量。因此，头发具有既能保温又能散热的双重功能。头发是一种从头皮里生长出来的纤维组织，是由细胞再生而形成的一种硬角质的排列。头发是由发根和发干两部分组成。

二、头发的结构

毛发由角化的上皮细胞构成。位于皮肤以外的部分称毛干，位于皮肤以内的部分称毛根，毛根末端膨大部分称毛球，毛球下端的凹入部分称毛乳头，包含结缔组织、神经末梢和毛细血管，为毛球提供营养。毛球下层靠近乳头处称毛基质，是毛发及毛囊的生长区，相当于表皮的棘层和基地层，并有黑素细胞。以头发为例，毛发由同心圆状排列的细胞构成（如图5.34所示），可分为三层：表皮层、皮质层、髓质层。

1. 表皮层

毛小皮为毛发表面的一层薄而透明的角化细胞，彼此重叠如屋瓦，约占10%。它是头发的外衣，成毛鳞片状对头发起保护作用，头发的粗硬光泽取决于这一层。毛鳞片层数越多，头发越粗硬，一般为3~15层，这一层的特点是毛鳞片遇碱和水会张开。

2. 皮质层

毛发的主体，由几层棱形角化细胞构成，细胞内含大量色素颗粒；约占80%头发的主要组成部分，由角蛋白组成纤维状。皮质层含有大量的自然色素粒子，反映出头发的颜色，染发、烫发均是在这一层起作用。

3. 髓质层

位于毛发的中央，有2~3层皱缩的立方形角化细胞。毛发的末端和毳毛无髓质；约占10%，主要从头皮中吸取营养物质供头发生长，染发、烫发在这一层不起任何作用。

健康的头发以每月1~2厘米的速度生长，但不是永久生长下去，有生长期、发展期、死亡期，一根头发有着2~7年的生命，在这生命结束后便会脱落。一般人的头发约有10万根。

头发的结构如图5.34所示。

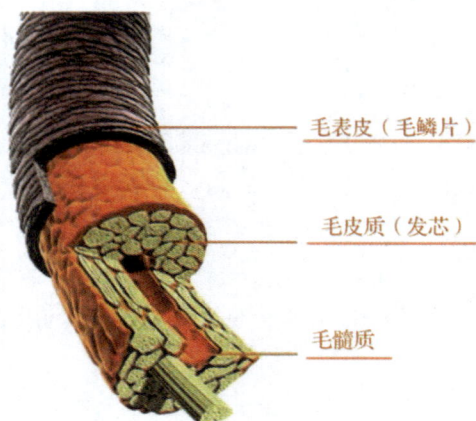

图5.34　头发的结构

三、头发的分类

（1）头发的质地根据其物理特点可分为钢发、绵发、油发、沙发、卷发五种。

钢发：比较粗硬，生长稠密，含水量也较多，有弹性，弹力也稳固。

绵发：比较细软的头发，缺少硬度，弹性较差。

油发：这种发质油脂很多，弹性较强，抵抗力也强，弹性不稳定。

沙发：缺乏油脂，含水量少。

卷发：弯曲丛生，软如羊毛。头发的横截面为椭圆形，直发横截面为圆形。

（2）由于人体健康状态、分泌状态和保养状态的不同，又可将头发分为健康的正常性发（中性发）、干性发、油性发和受损发四种。

中性发：是光泽、柔顺、健康的发质。既不油腻也不干燥，软硬适度，丰润柔软，有自然的光泽。适合做各种发型，是最理想的发质。

干性发：头发干燥，触摸有粗糙感，不润滑，缺乏光泽，做造型后易变形。

油性发：头发油腻，触摸有黏腻感，头皮屑多，缺乏光泽。不适合平直的发型，应选用蓬松发型，使头皮接触更多空气，减少头部油脂的产生。

受损发：头发干燥，触摸有粗糙感，缺乏光泽，颜色枯黄。发尾分叉，不易做造型。

四、头发的护理

1. 正常的健康发质

正常健康的头发应具有活力，易于美发，在还未干透的情况下也容易梳理，并富有弹性、光泽，触摸起来比较柔软。头发表面的鳞片光滑，无缺损。

适用发型：这种头发粗细适中，一般来说可做各种款式的发型，烫发也毫无问题。

护理：不必特别护理。

2. 纤细疏松的头发

缺力度，头发稀薄，其原因是头发数量太少，不够粗，纤维弹性不足，因而软弱无力。优点是容易梳成发型，不足之处是发型难以维持。

适用发型：各种款式的发型基本上都适用，但优先考虑选用蓬松、丰满的发型。

护理：采用养发方法。

3. 油性头发

有油腻和湿润感，易黏结，常常粘在头皮上，梳成蓬松的发型不易保持，易恢复原状。其主要原因是头皮中的油脂分泌过多，导致液化并快速散发到头发上。

适用发型：不需要反复定型的简单发型都适用，这样便于每隔一二天洗一次头。

护理：需要专用护发用品，专用护发用品有吸附作用。

4. 干性硬发

常见色泽为深色或红色，头发的角蛋白质纤维非常有力，不易定型，极易恢复原来的头发走向。由于头皮油脂分泌少，头发缺少光泽，容易被吹乱。

适用发型：发型应考虑到头旋的情况和脱发等因素，因而不用定型也能美观大方。

护理：使用具有增强光泽作用的护发用品，其中含有少量的专用物质，能使头发焕然一新，便于梳理。

5. 多劣性头发

表面毛糙，鳞片开裂，形成微孔。长头发由于头发生长时间较长，在靠近发梢1/3部分，出现头发疲劳而开叉的现象。

适用发型：首先应该理发，实在不行也可以分段修剪，剪去有微孔的头发，因为有微孔的头发无法保持发型，会给人留下未护理过的感觉。

护理：如果头发被太阳曝晒得时间过长或曾经因化学处理出现破损，只能在每次洗发后用专用发剂，使头发重新恢复光泽和弹性，至少头发表面应如此。

6. 天生卷发

头发天生具有类波浪似的卷曲或各种小型卷曲，并具有力度，几乎不会变。这种情况常常出现在干性头发和蓬乱的头发上。

适用发型：各种款式的卷发，不用吹风或卷发筒，只要自然干就行。

护理：基本上与干性、硬性和劣性头发的护理相同，旨在能使头发柔软、有弹性、有光泽。

7. 带旋的头发

表面上看头发平直，但某个部位却长有带旋的头发，定型比较困难。

适用发型：最好选用把旋设计进去的发型，给人以别具匠心之感。其他发型则需用烫发来消除旋儿。

护理：用符合这种发质类型的护发用品。

8. 染烫后的头发

呈波浪形或卷曲形，头发状况大多数为干性及带有微孔，主要表现在发梢。

适用发型：各种卷发，无论是自然晾干的卷发还是用电吹风或卷发筒等做成的卷发以及波浪发型均适用

护理：既可使用专门针对电烫发的护发用品，又可使用针对干性头发和硬性头发的护发用品。

五、乘务员的发型

女乘务员的发型应该是能够体现优雅女人味和干练职业感的发型，通常发型的线条流畅，颜色自然，式样也很简洁。切忌夸张和叛逆。

1. 女乘务员长发设计

女乘务员不能留披肩长发，长发要使用黑色的隐形发网盘起，不允许有丝毫的碎发散落下来，必要时可以借助发胶或发蜡等造型品固定，力求发型的干净、利落。且从正面看，头上不能有任何发卡，头发侧面也不能多于3~4只发卡。如图5.35所示。

如果后脑勺的发量较少或者后脑勺过于平坦的人，在盘发之前，要将后脑勺的发根倒刮一下，也就是将这部分头发垂直提起来，拿尖尾梳或鬃毛梳在头发的根部逆向打毛。这样可以增加发根的体积与厚度，使头发发量看起来增多，造就后脑勺的饱满、丰盈感。

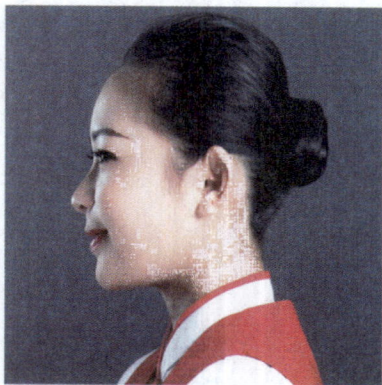
图 5.35 标准空乘盘发

盘发步骤依次如下：

（1）将这部分头发垂直提起来，扎起马尾；

（2）拿尖尾梳或鬃毛梳在头发的根部逆向刮头发；

（3）梳顺表面头发造就头发丰盈感；

（4）将马尾套上隐形发网；

（5）环绕马尾至圆形，用 U 形卡固定；

（6）用"一"字卡分别将耳后及发髻下方的碎发固定（整体发型不能超过 4 个"一"字卡）；

（7）至于是否需要额头前的刘海造型，主要是根据每个人的脸型以及额头形状来决定，一般来说，长脸型的人以及额头需要修饰的人比较需要刘海造型，脸型偏方的人还可以考虑卷曲的刘海，但是无论是直发还是卷发都不能超过眉毛（如参加面试时不可留刘海）。

盘发过程如图 5.36 所示。

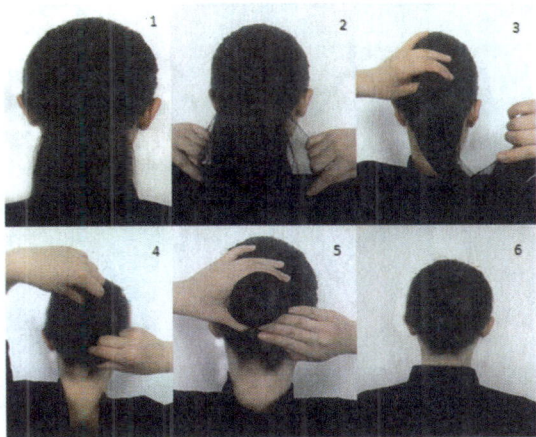

图 5.36　盘发过程演示

2. 女乘务员短发设计

女乘务员的短发造型不能过肩，而且耳朵部位要完全露出来，造型的重点在于头发的蓬松与层次感，尤其在头顶的位置，将头顶做出"鼓起"的感觉，这样可以凸现层次感和修饰脸型。而且，短发造型比长发造型更注重头发的顺滑与亮泽，因此，短发者更要加强头发的打理与保养。

3. 男乘务员发型与脸型的关系

男士的头发一般较短，但并不能说明男士关于头发的问题就少于女士，男士和女士一样应该勤于清洁与护理自己的头发。男士也需要按照自己的发质、发量、脸型以及工作需求选择适合自己的发型，充分利用好头发这个工具让自己更有品位、更有朝气。发型是男士面孔最有力的装饰品。适合的发型可以彰显脸型的优点，不适合的发型则会起到破坏作用。所以，要找到适合的发型。一定要先知道自己的脸型，然后利用发型来扬长避短。如果是长脸型，就应该排斥又短又直的平头，那只会让脸看起来更长。而正确的发型是加强头顶两侧的蓬松感，以及留一点刘海，盖住额头，让脸型显短；如果是圆脸型，则应该加强头发的根部支撑度，让头发挺立往高处延伸，使脸型拉长。

4. 男乘务员发型的设计

男士发型由于头发较短，发型变化不及女士多，但通过修剪、吹风梳理或烫发（以不出现明显卷度为尺度）梳理，也能梳理出多种多样、美观大方、具有男性魅力的发型。

除了根据脸型选择适合自己的发型，还应该根据自己头发的发质与发量来选择修饰的方式，主要的修饰方法有剪发、烫发、部分烫发等。若是天生头发为钢发不服帖，又不适合板寸、平头，可以通过烫的方式先软化一下发质。因为只有通过烫的方式，才能让头发的结构有根本的改变，来设计理想的发型。若是天生发质为绵发，很容易贴在头皮上，很难塑造出动感精神的造型或者造型很难保持一整天，这种发质在造型设计上必须剪得有层次才能制造出蓬松的效果。最好将头发烫一下，这样会更容易打理和做造型。还要配合一些打理头发的造型品以增厚头发的质感。打理时要着重发根，将发根蓬松起来就会让头发看上去精神浓密些。同时，还要注意经常洗发，有助于保持头发的蓬松度。如图 5.37 所示。

图 5.37　男乘务员发型

　　无论采用何种修饰方式，根据空乘的基本要求，男士的发型必须要轮廓分明，头发干净利落、修剪得体，双侧鬓角不得盖住双耳，前侧头发保持在眉毛上方，头发不得长于衬衣领上线。也不得剃光头。发型标准：前不覆额（见图 5.38），后不及领（见图 5.39），侧不掩耳（见图 5.40）。

图 5.38　标准发型正面　　　　图 5.39　标准发型后面　　　　图 5.40　标准发型侧面

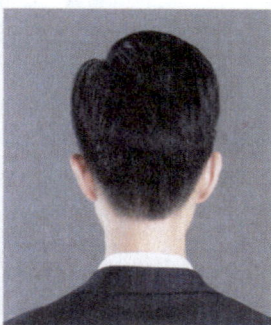

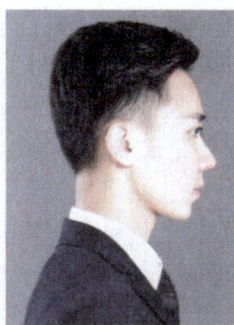

每次航班执勤之前必须清洗头发、剃净胡须，修剪鼻毛、耳毛，面部保持清洁，禁止留胡须；发色标准为统一和均匀的自然黑色或自然棕黑色；花白头发必须染发，染发只限自然黑色或自然棕黑色，不得挑染；发型应用发胶定型；禁止留奇异发型。不标准发型如图 5.41 所示。

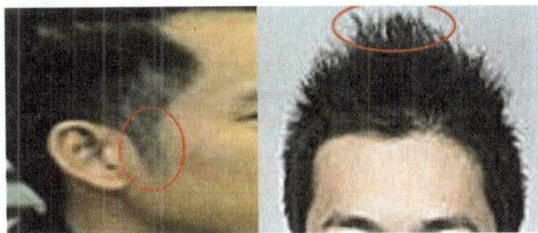

图 5.41　不标准发型图例

【练习题】

1. 练习各种眉形的画法（素描练习）。
2. 练习各种眼线的画法（素描练习）。
3. 练习各种唇形的画法（素描练习）。
4. 面部的凹、凸面都有哪些？
5. 简述手部的护理过程。
6. 简述头发的结构及分类。
7. 空乘发型的特点是什么？

第六章　美术基础知识与化妆色彩运用

第一节　素描的基础知识

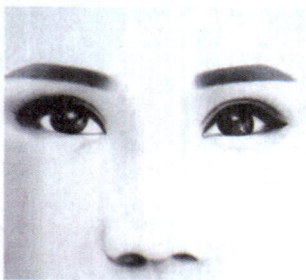

图 6.1　运用化妆技巧绘制素描图

素描是通过明暗交界线和明暗变化来塑造形体的一种绘画方式，如果脸是一张白纸的话，那化妆就如同素描一样，可以塑造人的脸型。化妆的目的是塑造人物形象，具有鲜明的实用性和审美性。它是从构思到体现、从意象到具象的一个基本造型创作过程。

学习绘画基础知识对后期化妆造型来说是必不可少的理论和实操基础，同时绘画的很多技法本身也是化妆造型的一种造型手段和方法。如图 6.1 所示。

一、素描的定义

素描是一门独立的艺术，具有很高的地位和价值，是其他造型艺术的基础，也是美术中最单纯的造型形式。

广义说素描是指一切单色绘画表现的艺术作品；狭义的素描是专指以学习表现技巧为要义，以探索造型规律为目的，以线条明暗来表现对象的单色画。

1. 基本原理

素描研究的对象是物体的基本形态和变化规律。基本形态包括物体的比例、形状等结构形式，变化规律包括透视及视差对比等视觉因素。掌握这些形式和规律是化妆造型的前提条件，可以利用素描在训练上的长期性和反复性，将这些问题逐一解决。

2. 透视

了解透视知识对于素描初级学习是非常重要的，造型的准确在很大程度上取决于透视的准确性。

1）透视的基本术语

视点：绘画人眼睛所处的观察点。

视线：目光投射的直线，就是视点与视觉中物体之间的连线。

心点：视域的正中心，也就是绘画者眼睛正对视平线上的点。

视平线：将心点延长的水平线，随着眼睛的高低而进行变化。

消失点：也称灭点，是物体由近及远产生透视的变化，集中消失于一点。

2）主要透视画法

一点透视，也叫平行透视（见图 6.2）。当一个立方体正对着观察者时，它的上下两条边界与视平线平行，此时它的消失点只有一个，正好与中心点在同一个位置。

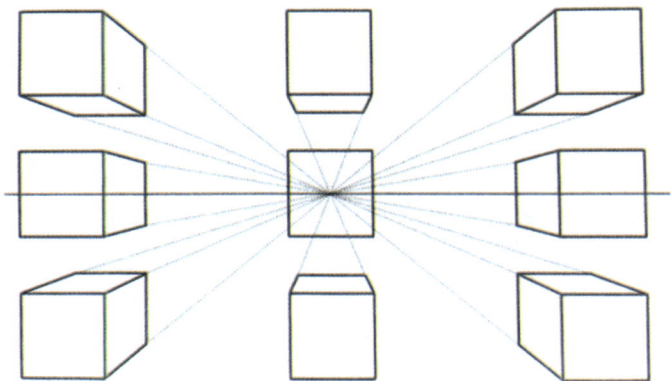

图 6.2 一点透视

二点透视，也叫成角透视（见图 6.3）。当一个立方体斜放在观察者面前时，它的上下两条边界就产生了透视变化，其延长线分别消失在视平线上的两个点。

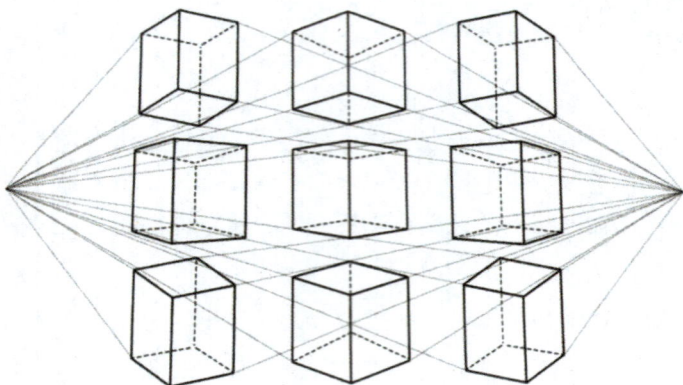

图 6.3　二点透视

3. 素描的表现手法

素描的造型手法有很多种，风格也都不同，基本表现手法分为三类，分别是线条表现、明暗表现和线面结合表现。

1）线条表现

追求对形体的理解及概括表现，以研究对象结构构造为目的，以线条作为主要表现手段，强调物体的轮廓和内部结构，严谨探求内部连接和透视变化的表现手法。线条是一种明确的富有表现力和形式美感的造型手段，能直接、概括地勾画出对象的形体特征和形体结构。对不同的对象，要求用不同的线条表现。线条还有表现节奏的作用，轻重起伏、刚柔并济、长短穿插、曲直弯转、抑扬顿挫的线条可展现出美的造型。

2）明暗表现

明暗表现法也称色调法，重点强调光影，主要运用明暗对比、色调变化的手段来表现对象，画面具有较强的立体感、空间感和深度感。明暗的对比是表现物象立体感和空间感的有力手段，对真实表现对象具有重要的作用。明暗素描适于立体表现光线照射下物象的形体结构、物体各种不同的质感和色度、物象的空间距离感等，使画面形象更加具体，有较强的视觉效果。

自然界的一切物体都有特定的体积，任何物体都是由许多大小不同的面组合而成的。物体在光的照射下会呈现出极其复杂的明暗光影效果：受光部分明亮，背光部分灰暗；受光部分各个面也因正面和侧面受光不同，明度也有强弱之分；在背光部分，由于物体各个面受环境的反光的影像不同，就会出现明暗的变化。但因为我们肉眼视力的局限，离我们眼睛越远的物体就越小越模糊，其明暗对比和色调对比就越弱。为了便于学习和掌握，通常可将素描的明暗关系概括为"三大面"、"五大调子"和"七个色阶"。万变不离其宗，抓住明暗变化的本质就可以学会其方法。

"三大面"为亮面、灰面、暗面。

"五大调子"分别为受光面、背光面、明暗交界线、中间灰面、反光面。

"七个色阶"分别为高光、明部、次明部、明暗交界线、暗部、反光、投影。

3）线面结合表现

在素描中经常会用到的一种造型表现方法就是线面结合法。它结合了线和面各自的造型表现特点和优势，既注重对象严谨的结构构造关系，又强调丰富的明暗光影变化，具有很强的灵活性和表现性；它可以侧重线，也可以侧重面。这种画法既有线的优美，也有丰富的明暗变化。

三、素描在化妆中的应用

造型是学好化妆的基础，它是一项需要学习者通过长期训练才能形成的特殊技能。化妆所要塑造的不仅仅是简单的妆容，更需要表现的是局部和整体的有机关系和体现化妆技术相融合的综合创作能力。想要学习和掌握化妆的精髓，需要有正确的观察方式、丰富的想象空间及造型能力；需要研究和探讨不同类型化妆的形式特点及造型规律。可以通过素描的学习，就能解决这些问题，素描也是解决这些问题的基础，并在其他艺术造型的实践当中也得到了证明。

1. 线条造型

线条造型其实就是化妆的基本表现手法，是改变原有形状，构造出新的骨架。线条在化妆当中不仅仅是纯粹的平面刻画，更是多方面、多层次表现形式存在的重要元素。

（1）建立新的结构线。当化妆对象与所需外形存在一定距离时，可以运用线条的造型做适当的调整，运用化妆的方法和技巧做一些合理的弥补。所谓的"适当的调整"，也就是说化妆不能太夸张，要追求自然，不能无限制地进行改变。例如，把年轻人化妆成老人时，其化妆的重点就是把老年人的衰老特征画出来，比如褶皱、老年斑，体现年龄感，这里就需要先用结构线条以绘画的形式做勾勒，确定新的结构线，组成新的形式。而这些都应该在化妆对象原有结构和比例的基础上进行。

（2）构成新的形式感，利用线条的形式感，从视觉上改变或装饰原有的形态。正如绘画中线条具有的独一无二的魅力一样，在人的皮肤上也一样可以运用不同的线条进行造型，使其自始至终贯穿在化妆的整个过程中，并赋予化妆线条以实用性和艺术性。比如，在改变人的高矮胖瘦结构时，在结构线的刻画与组合时运用了拉宽缩短、变窄加长的原理，使人在视觉感受上达到"变胖"或"变瘦"的效果。又如，在刻画皱纹时，对线条的处理是粗细运用得当、虚中有实、长短交错，既符合人的生理特征，又生动地将皱纹立体、真实地勾勒了出来。

2. 敏感造型

人面部的明暗取决于面部自身的立体结构，同时也因光源照射的角度不同而产生变化，在化妆中通常会用素描的明暗表现脸部结构的凹凸、脸部转折和起伏，也不会刻意在人的脸上把"三大面"、"五大调子"都描画出来，但是这种素描的立体表现手法在化妆中是非常重要的技法。我们可以运用素描的基本知识去分析明暗色调的变化与化妆的关系，建立起在空间深度上塑造形体的观念。我们要在有限的面部表现复杂的局部形态，就必须熟练运用造型表现的技法，方能随心所欲地达成。完全可以运用素描原理，将化妆造型的理念经过观察、体验、想象、选择、重组等方面的努力，最终在面部做出呈现。明暗层次的处理在化妆中是相当重要的一步。尤其是在结构复杂又立体的脸上化妆，加上光线的因素，化妆对面部明暗层次的处理绝不等同于在平面上作画。依据面部的结构特征是处理脸部明暗层次的关键所在。

1）调节明暗关系

是指运用素描基础知识调整层次关系。突出的部位提亮，削弱凹陷的部位，也就是把凹陷处变暗；近的、靠前的，应表现得强烈而又明确；后面的、较远的，应表现得柔和而模糊。在化妆中就是用阴影色、过滤色、提亮色加强或改变脸部结构和脸形的轮廓，使其更富有立体感。阴影色会使脸部某些部位减弱、收缩；亮色会使面部某些部位加强、突出。所以，一般阴影色用在需要凹陷的部位，亮色用在面部需要突出的部位，过滤色则起到衔接明或者暗的作用。化妆要突出的主体应表现得明确显著，从属的部位则应以衬托主体为目的。

2）重组明暗关系

是指运用素描知识来重新组成层次关系。在化妆法中就是用阴影色、过滤色、亮色根据脸部结构，利用原来可以利用的部位来重新组成明暗层次，在立体的脸上重塑立体的效果。当我们把一个偏扁平的脸塑造成富有立体感的脸型时，根据面部凹凸结构增加明暗的对比、层次的过滤，或者将脸部骨骼中的凸起部位用浅色提亮，将脸部骨骼中凹陷的部位用深色收缩。我们在把人画胖的时候运用圆弧的线条和明暗层次的过滤来表现一种"球体形状"来充分体现脸部胖的体积感。虽然看似很夸张，却也是真实可信的，因为这种夸张有理可寻，离不开脸部结构的合理性。反之，如果不考虑结构，就会显得很假。所以，脸的结构特征是重组脸部明暗层次的重要因素。

画速写时也常采用这些表现手法，不仅能快速、概括地表现对象的结构特点，又能简明扼要地表现出对象的立体感和真实感，使画面的效果更完整。

3. 素描的一般表现步骤

素描的表现步骤因人而异，没有特定的形式和规则。一般来说，遵循的原则就是整体观察、整体表现，大致可分为五个步骤。

1）观察选位

观察，即学会用立体、整体的方法观察物体。采用多维的角度，从整体到细节、从细节到整体进行仔细观察。总体来说，描绘的对象是一个具有内在相互联系的不可分割的整体。不论是结构关系、比例关系、黑白关系、体面关系、面线关系，都是相对存在、互相制约的。如果作画时孤立片面地去对待，最终必定会失去画面的整体统一。由此可见，整体观察不仅是一个观察和表现的方法问题，也是一个思维方式的方法问题。同时要建立起在空间深度上塑造形体而不是在平面上描绘这一概念，需要掌握透视知识和注意培养这种观察认识物象的习惯，才能正确把握物体在画面上的恰当位置，做到看得立体，画得立体。选位，是为了选择一个好的角度观察、站位，以便合理、准确地表现结构和透视规律。

2）构图起稿

构图既是一种艺术手段，也是绘画的骨架。构图属于立形的重要一环，但必须建立在立意的基础上。任务就是根据题材、主题思想和形式美感的要求，将经过选择的各个对象，按一定的形式法则适当地组织安排在画面上，从而获得最佳布局，构成一个协调的完整画面，明确地表达其主题内容。概括地说，是利用视觉要素在画面上按空间把它们组织起来的构成，是在形式美方面诉诸视觉的点、线、形态，用光、明暗、色彩进行配合。起稿是确定大轮廓、把握大形状，措绘出物体的基本形态。这时一定要有整体观念。

3）铺明暗大调

明暗现象的产生是光线作用于物体的反映，建立在物理光学的基础上。没有光就不能产生明暗。物体受光后出现受光部和背光部。由于物体结构的各种起伏变化，明暗层次的变化是很多的。"五大调子"的规律是塑造立体感的主要法则，也是表现质感、量感、空间感的重要手段。

素描造型正确地表现出这种关系，就可达到十分真实的效果。明暗交界线是由亮部向暗部转折的部分，是区别物象面的不同朝向和起伏特征的重要标志。这个最暗的部分不能简单地理解为一条重线，它有宽窄、浓淡、虚实等变化，其特点是由光源的强弱和物象的形体特征所决定的。要重视明暗交界线的变化，是因为它在造型中起着十分重要的作用。明暗交界线的暗部与反光是一个整体。反光部很自然地统一在背光部。过亮或过暗都会影响物象体积和空间的塑造，画得过亮，同亮部的中间色重复，显得孤立，影响整体协调的统一。中间灰部是物体固有色中心区域，也是比较细致、复杂的，它是明暗交界线与亮部间的过渡面，是个不易观察清楚而又要认真研究和刻画的重要部分，同时应和暗部自然地衔接起来。

4）深入刻画

这一步是在整体效果基础上，对空间感、虚实层次、黑白关系、质地表现等方面作进一步的细致刻画。

图6.4　运用化妆技巧画图

5）调整结束

当我们作画时，要注重对整体的把握，并贯穿始终。另外，局部要服从整体，要时时把局部放到整体中去观察和表现。

运用化妆技巧画图如图6.4所示。

四、石膏几何体绘画表现

石膏几何体简单、规范，代表了自然物体的各种基本形式。在规范的几何体里，容易找到对称图形和基本比例关系，有利于研究和发现物体的透视变化规律。另外，石膏体单纯的白色，也更利于观察、分析和表现明暗产生的原因和色调变化的规律。

因此，常利用石膏几何体的"纯粹"，作为学习素描的描摹对象（见图6.5）。

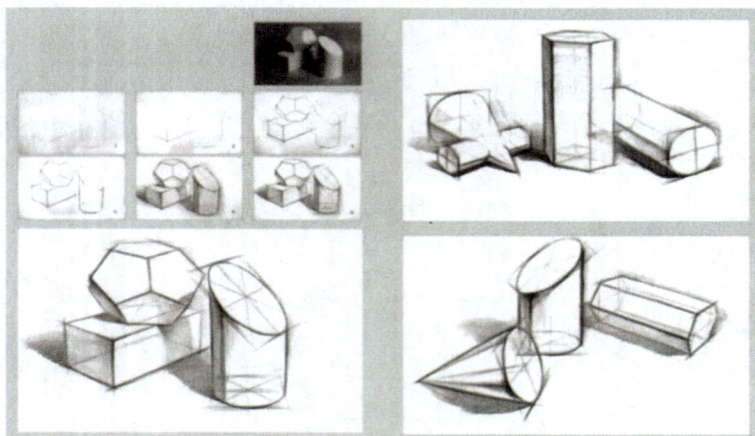

图 6.5　石膏的绘画表现

五、石膏五官的绘画表现

石膏五官的绘画表现有两个目的，一个是通过对五官的描绘，学习人的眼睛、鼻子、嘴和耳朵的生理结构特征；另一个是通过对五官的刻画，学习复杂形体的造型能力。前一个目的需要借助对人的骨骼、肌肉的知识来完成，后一个目的需要素描表现的技巧和对整体的把握来实现。

石膏五官一般分为两个阶段练习，第一阶段是五官的切面体练习，侧重结构特征的分析，理解和表现五官的体积感和块面感。

第二阶段是五官的圆面体练习，侧重形体特征的分析，理解和表现五官的微妙变化。

石膏五官，除了要表现它的结构特征外，还要注意刻画它的形体特征，五官的形体特征决定了对象的表情和神态。

1. 眼（见图 6.6）

眼是头部中结构最复杂、表现形式最多样的部分。眼部是由眼眶、眼球和眼睑三个部分组成。深陷的眼窝和凸起的眼球是它的结构特征。

2. 鼻子（见图 6.7）

鼻子是头部最突出的部分，是一个梯形结构。鼻子的体面感很强，鼻头、鼻翼的表现是鼻子刻画的重点。

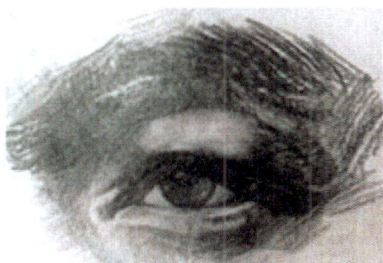

图 6.6　眼

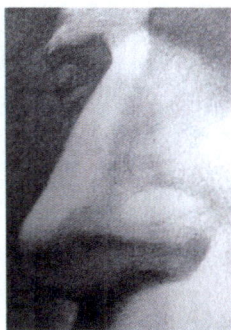

图 6.7　鼻子

3. 嘴（见图 6.8）

嘴是比较贴近头部的球体表面，因此，它的结构有一定的弧度，表现时应注意不把它画"平"了。

4. 耳朵（见图 6.9）

耳朵的结构应附着在面部的两个侧面上，对比的强度不要超过其他五官的对比程度。耳朵的造型优美，体面变化复杂，所以不要忽视对耳朵的表现。

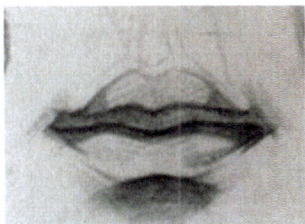

图 6.8　嘴巴

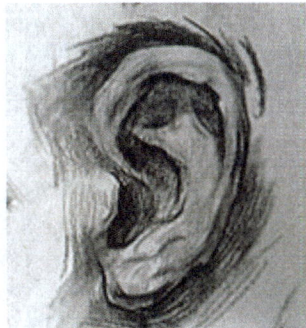

图 6.9　耳朵

六、头部形态的绘画表现——石膏人像

1. 头部的基本比例

人的体貌特征千差万别，包括年龄、人种、性别的不同，以及人与人之间微妙的差异，都很难有统一的比例标准。人的五官位置和形态特征各有差异，人的头部的基本比例为：长三庭、横五眼。成人眼睛在头部的 1/2 处，儿童和老人略在 1/3 以下。眉弓骨到下眼眶，再到鼻翼上缘，三点之间的距离相等，两耳在眉与鼻尖之间的平行线内。其他相等的比例关系一般来说还有嘴的宽度等于正视前方时两眼瞳孔的间距，两眼的间距是鼻子的

宽度，头的长度等于头侧面的宽度等。这些普遍化的头部比例只能作为写生开始时的参考，最重要的是在实践中灵活运用，正确区别不同的形态结构，才能体现所描绘对象的个性特征。

2. 头部的基本结构

人的头部形状是由头骨的形状决定的。因为人的生理结构基本相同，了解人的一般性结构，可以在表现中起到举一反三的作用。对骨骼的了解，能帮助理解头部造型的基本特征。人的头部结构较复杂，为更好地理解头部的体积，将人的头部予以几何化的归纳。头部骨骼是头部造型的本质所在。它处在圆球体和立方体之间，从整体上可以概括成一个圆球或立方体或楔形之间的复合体。用立方体概括头部，便于掌握头部的空间结构。头骨有几个突出的点，叫骨点。这些骨点通过面部肌肉显示出来。从额头的额结节到眉弓、颞线、颧骨结节和下颌结节骨点的连接，便构成了头部不同面的转折。由此可以看出，眉、眼、鼻、嘴是处在一个面上，耳朵是处在两个侧面上。

人的头部主要由颅骨、额骨、颞骨、鼻骨、颧骨、颚骨构成。影响外形的骨骼突出点是颅顶点、额结点、眉弓点、颞突点、鼻骨中点、颧结点、下颌角点、颏隆凸点、颏下点等。

第二节　色彩的基础知识

颜色匹配是一门看似简单，实际困难的学科门类。大多数人可能会遇到这种情况：开始的化妆过程非常顺利，整体感觉也不错，即使稍有缺陷，但实际效果也很好，如果没有达到预期的效果，也不会很让妆容者失望。同样，很多人有类似的经历：有时设计的颜色和谐美观，然而设计出的结果却难以令人满意。造成这些妆容不佳的结果，最有可能是由于色彩匹配的原理和技术尚未完全理解。因此，是否巧妙地调整化妆品之间的颜色匹配，在整体妆面上起着决定性作用。由此观之，颜色和颜色之间的差距形成对比关系，既有强烈的撞色对比，又有差距较小的弱对比。只有真正了解和掌握这些对比关系，才能更灵活地使用颜色组合，打造良好的妆容效果。如图6.10所示。

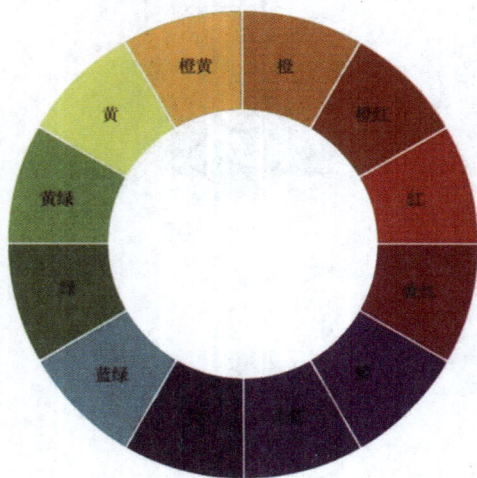

图 6.10　色环

一、色彩的基础知识

人们之所以能看见周围物体的颜色，是因为有光。光与色有着不可分割的密切联系，光是色产生的原因，所以有光才有色。

1676 年，英国科学家牛顿压三棱镜将太阳白光分解为赤、橙、黄、绿、青、蓝、紫七色光谱，从而证明了白色太阳光产生于多种不同颜色光线的混合。

现代科学证实，光是一种以电磁波形式存在的辐射能。通常，电磁波谱中波长 380～780 纳米之间的这段波谱，能引起人的视觉及色彩感觉，这段波长的电磁波叫作可见光。

为了便于研究和认识，通常根据色彩不同的原理和特征，将色彩分为色光和色料两大部分来研究。色光属于光学的范畴，色料也就是人们经常所说的颜料的概念，两者既有共性，又有各自不同的表现特征。

1. 色彩的三要素

正因为有光，我们才可以看到周围事物的颜色。光与色的关系密不可分，因为光是产生色的原因，色构成光的结果。

为了便于研究和理解，由于颜色和颜色特征的不同呈现原理和色彩特征，颜色通常分成色光和色料两个部分。色光属于光学类别范畴，颜色材料经常被称之为颜料。这两者同根同源，又有各自表现的特点。

颜色可分为两类：无彩色和有彩色。前者是黑色、白色、各种灰度，后者是红色、黄色、蓝色等。人们可以看到各种各样的颜色，大多数颜色有色相、明度和纯度三个属性。三种颜色元素在化妆和造型中起着极其重要的作用。只有调整好三者之间的关系，才能体现出完美的视觉效果。

1）色相

色彩的相貌就是色相，也就是说，人们根据颜色的外观特征和表达来区分的红、橙、黄、绿、青、蓝等多种颜色。通常，人们附加到每种颜色的名称，是每种颜色的性格外延。

2）明度

明度是色彩的明暗程度，也称深浅度，换句话说，人们根据颜色的亮度和暗度（也称为光的深度）表达颜色感的基础。光的亮度通常称为亮度。物体接收的光越多，反射的光线就越多，物体的颜色就越亮。否则，它会变得很深。亮度越高意味着颜色越亮，相对亮度越低，即颜色越暗。

在无彩色色系的范畴，具有最高亮度的颜色是白色，最低亮度的颜色是黑色。黑白之间有一系列灰色，靠近白色部分为浅灰色，靠近黑色部分为深灰色。

在有彩色色系的范畴，每和颜色都有自己的亮度特性。具体地说，黄色是最亮的，蓝色和紫色是最低的，红色和绿色是中等的。

由此可见，无论什么颜色，加入白色，色彩明度随之上升；加入黑色，颜色明度随之下降。

3）纯度

纯度是彩度，也被称为饱和度或鲜浊度，具体而言，是表示灰是否含有颜色的成分。

纯度通过添加黑色和灰色或混合互补色可以产生变化。如果颜色不包含灰色成分，则为纯色，饱和度最高。如果它包含更多的灰色成分，其饱和度将逐渐下降。

我们可以得出这样的结论，色彩纯度越高，色相感越纯净、明确；反之则灰色成分越高。

低纯度和柔和的颜色适合生活化妆。

在明亮的颜色中，通常容易感觉到高色彩度，但它容易受到亮度的影响，因此可能难以作出正确的决定。例如，最容易被误解的是黑色和白色，灰色是无色的，只有明度，可以作为判断的依据。

二、三原色、三间色、复色、补色的含义

1. 三原色

大千世界色彩千变万化，主要由三种基本颜色以不同比例混合，因为它们不能再被分离出其他颜色成分，被称为三原色。

1）色光三原色

色光三原色是红色、绿色和蓝色，混合三种色光可获得白色光。像霓虹灯一样，它发出的光是彩色的，能直接刺激人的视觉神经，使人感觉到色彩。电视屏幕和计算机显示器上显示的颜色都是色光色彩。如图 6.11 所示。

2）色料三原色

色料三原色分为青色、品红色和黄色，三种颜色混合成黑色。物体不像霓虹灯，可以发色光。它通过光线照射，然后反射光线来刺激视觉并使人们感受到色彩。三色混合，会得到黑色，但这种黑色不是纯黑色，所以需要在打印中添加黑色并一起使用四种颜色。如图 6.12 所示。

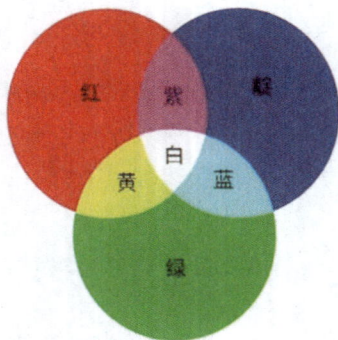

图 6.11　色光三原色

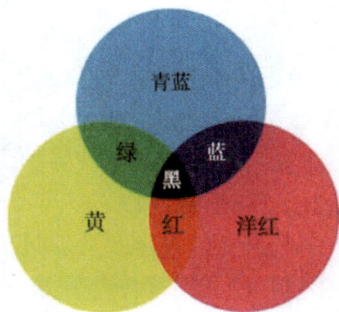

图 6.12　色料三原色

2. 三间色

原色是不能混合的颜色，其他颜色由三原色混合组成。三原色混合称为三间色，如橙

色、绿色、紫色等。如图 6.13 所示。

红色＋黄色＝橙色

黄色＋蓝色＝绿色

红色＋蓝色＝紫色

图 6.13　三间色

3. 复色（见图 6.14）

原色与相邻的中性色混合，即三种或更多种颜色相加，称为复合色。例如，色光的三原色混合是白色，色料三原色混合成黑色。

黄＋绿＝黄绿　　黄＋橙＝黄橙　　红＋橙＝红橙

蓝＋绿＝蓝绿　　蓝＋紫＝蓝紫　　红＋紫＝红紫

4. 补色（见图 6.14）

也称为对比色，指原色和间色之间的关系。红色和绿色、蓝色和橙色、黄色和紫色形成强烈的互补色。

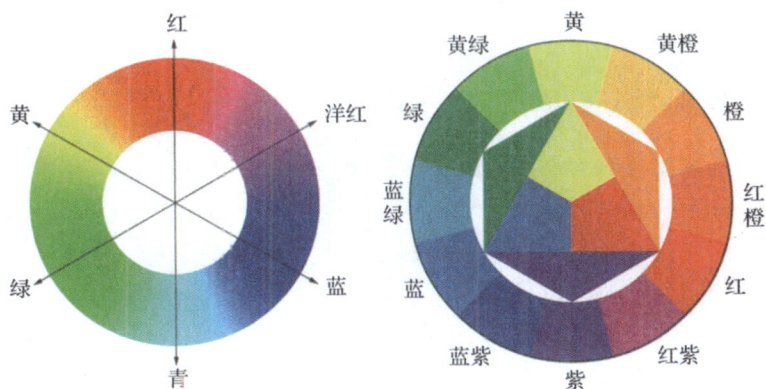

图 6.14　色环

三、色彩的关系

1. 同类关系

同类关系是同一色调的对比，即不同色相或不同纯度变化的对比，这是色相中最弱的对比。在色相环中颜色的相对距离约为15°，因为两种颜色的对比度太近，所以色相的差异是模糊的。如蓝色和浅蓝色（蓝色+白色）、橙色和咖啡色（橙色+灰色）、绿色和粉色（绿色+白色）和深绿色（绿色+黑色）等颜色的对比。这些颜色用于统一化妆品和对比效果，但也很容易产生单调和沉闷的感觉。

2. 类似关系

类似关系意味着色相环中的相对颜色距离约为30°，这是弱对比度类型。例如，红橙色、橙色和黄橙色是对比色，相邻色相同颜色的效果给人优雅、稳定的感觉。因此，在化妆中，可以通过适当地调节颜色的亮度差来增强效果，并使妆容面的效果更协调。

3. 对比关系

它指的是在色环上大约距离120°的颜色相之间的对比关系，也叫大块度色域对比。例如，红紫色和黄绿色是对比色，此种对比属于中等强度的色调对比。这种对比产生了鲜明的色彩感，醒目、生动，会产生令人兴奋的印象，但它往往会导致视觉疲劳。匹配时，请注意对比效果，让整个化妆更加和谐。

4. 互补关系

它指的是在色环上大约距离180°的颜色相之间的对比关系，这是色调中最强烈的对比关系。它是一种极端的对比，如，红色和蓝色、黄色和蓝紫色的对比等。色彩对比强烈刺激感官，达到最大程度的生动性，使人们在视觉上注重色彩。

互补色的组合强烈，生动，色彩丰富。但是，如果它们不匹配，就会产生混乱、粗俗的感觉。互补色调和色彩对比度难以处理，需要较高的色彩匹配技巧。一般来说，通过改变色纯度、明度和面积达到妆面和谐的效果。

四、颜色的联想

当人们看到某些颜色时，他们通常将这种颜色的生活环境与相关事物联系起来，这种思维方式往往被称为颜色的联想。

例如，当人们看到红色时，他们会想到血、火、消防车和红苹果；看到绿色时，他们会想到树木和绿色蔬菜。这种颜色关联在很大程度上取决于个人的经验、知识、年龄、性格、性别、受教育程度、职业等因素。

颜色联想会因年龄和受教育程度的不同而表现不同。一般来说，幼年时以具体事物为多，成年时以抽象概念为多，且随着年龄的增长和受教育程度的提高，抽象的联想会有增长的趋势。

1. 心理感觉色彩

当人们看到颜色时，除了直接受到视觉色彩的刺激外，还会在生活经验和环境问题之间产生联系，从而影响人们的心理情绪。这种反应被称为心理情绪。颜色的心理情绪取决于个人偏好、知识、年龄等，但大多数人会对同一颜色有很多共同的感受。

1）冷暖感

所谓的冷暖色是心理感受，与实际温度没有直接关系。红色、橙色和黄色与火焰颜色相似，当人们看到这样的颜色时，他们会想到燃烧，因此，它往往给人心理上的温暖感；而蓝色和青色让人们常常联想到海洋、天空等，它往往给人的感觉是寒冷的。

颜色给人冷暖的感觉也不是绝对的。例如，紫色、红色、绿色等与暖色的橙红色相比则属于冷色，而与冷色的青色、蓝色相比则属于暖色。由于纯度、亮度、照度的差异，在相同的色调下，也会形成冷暖颜色的差异。

2）前进与后退感

同一个物体，由于它们颜色的不同，会给人以向前凸出或深远凹陷的感觉，前者称为前向色，后者则称为后退色。一般来说，明亮和温暖的色彩具有明显的向前感，而深色和冷色调则给人以后退感。

3）轻重感

颜色可以使人看起来有轻重感，一般来说，亮度越亮，给人的感觉越轻；亮度越低，给人的感觉越重。例如，黑色和白色有坚硬感，而暖色系统则有柔软感。

2. 色彩的味觉感

颜色有味道，这种味道大部分与人们生活中的感受有关。在过去的经验中，食物、蔬菜和水果等颜色就已经形成了对味道的概念反应。因此，人们常常会通过它们的外观来判断食物的酸味、甜味、苦味、辣味和涩味。

（1）酸：让人联想到未成熟的水果，因此酸的颜色主要是绿色。黄色、绿色等颜色，让人觉得有微酸的感觉。

（2）甜：黄色、橙色是甜味的最佳表现，具有更高亮度和饱和度的颜色也会有这种感觉。例如，粉红色的冰淇淋给人感觉味道更甜。

（3）苦：低灰度、低色度会给人以苦味的感觉。比如，灰色、黑色和棕色，会让人联想到咖啡的苦味。

（4）辣：红辣椒和其他令人兴奋的食物都与辛辣味有关。因此，红色和黄绿色的芥末色都是辣味感的色调。

（5）涩：水果还未成熟会联想到涩味，比如，灰绿色、蓝绿色等色调都会给人以涩味感。

五、色彩的固有色、光源色和环境色

世界上千姿百态的物体的颜色主要受其固有颜色、光源颜色和环境颜色的影响。

1. 固有色

物体本身并没有特定的某种颜色，所谓固有颜色的概念并不是绝对的。但作为一种俗称，是为了人们可以方便地比较、观察、分析和研究物体的颜色。

物体的固有颜色是眼睛在普通阳光下感觉到的颜色。物体之所以会表现出某种色彩关系，是因为物体对光源的反射、吸收和透射是不同的，这与物体的材质、表面肌理等有关。

2. 光源色

颜色的本质是光，光和颜色密切相关。宇宙万物所表现出来的各种颜色，光照都是先决条件。每个物体对光的吸收、反射和透射的能力都是不同的。

光源色是指光源照射下，白色不透明物体上显示的颜色。光源通常分为两类，一种是自然光源，另一种是人造光源，是决定物体颜色的主要因素。当光源的颜色和亮度发生变化时，会极大地影响物体的原始颜色。这是颜色的演色性。

在典型的黑色和白色中，白色日光下，白色表面反射 64%～92.3%（几乎全部）为白色，黑色物体会吸收几乎所有的光而呈黑色。深色会吸收大量光波，因此很容易感受到阳光下的热量，这就是夏天穿着深色衣服比较浅色衣服热的原因。

3. 环境色

环境色也称为条件颜色。在自然界中没有任何东西是孤立的，所有物体都受到周围环境的影响。环境色是受周围物体反射的颜色的影响而引起物体的独特颜色变化。环境色的产生与光源的照射是密不可分的，所以环境色对物体颜色的影响效果相对较小。

六、色调

"Tune"是一个最初用于音乐艺术的术语，用于表示音乐作品的"音调"，这是一种支配音乐的音调标准，如 D 大调、C 大调等。

色调代表了色彩外观的重要特征和基本趋势。由颜色关系确定的整体色调称为色调。

色调主要由色调、亮度和纯度三个因素决定。其中一些因素起主导作用，就被称为特定色调。例如，从色相角度划分，可以分为红色调、黄色调、绿色调等；从亮度的角度划分，可以分为灰色调、暗色调等；从纯度的角度划分，可以分为朦胧的色调、清新的色调等。

表 6-1　常见色调与妆型搭配

项目 类型	色调特征	适用妆型
淡色调	明度很高的淡雅色组成柔和优雅的淡暖色调，含有大量的白色或荧光色	多用于生活时尚妆，有清新、明净感
浅色调	明度比淡色调略低，色相和纯度比淡色调略清晰	多用于新娘妆和职业妆，显得亲切、温柔

类型 项目	色调特征	适用妆型
亮色调	明度比浅色调略低，含白色少，色相和纯度高，如天蓝、粉红、明黄、嫩绿	多适合时尚妆和新娘妆，显得活泼、鲜亮
鲜色调	中等明度，明度与亮色调接近。不含白色与黑色，纯度最高	多适合舞台妆、晚会妆、模特妆、创意妆，效果浓艳、华丽、强烈
深色调	明度较低，略含黑色，但有一定浓艳感	多适合舞台妆、晚会妆、模特妆、创意妆、秀场妆，效果浓艳、强烈、个性
中间色调	由中等明度、中等纯度的色彩组成	多适合职业妆和晚妆，显得沉着、稳重
浅浊调	含灰色，呈浅浊色调，妆色文雅	适合职业妆和新娘妆，有雅致感
浊色调	明度低于浅浊色调，含灰色调，有成熟、朴实气质	适合晚妆、模特妆、创意妆，如灰蓝、驼色。如用大面积浊色调，点缀以小面积艳色，则稳重中又有变化
暗色调	明度、纯度都很低，色暗近黑，有沉稳、神秘感，加上深浓艳色的搭配，有华贵效果	适合晚会妆、模特妆、创意妆、秀场妆

第三节　化妆常用色彩搭配

在化妆中，"形状"的概念和描绘取决于颜色的完成。通常，化妆品类型具有各种颜色，在配色的选择上，不仅要考虑色彩搭配是否符合规律，还要考虑化妆品的颜色是否符合妆面的特点。因此，成功地使用色彩是完成化妆的重要因素。

一、化妆色彩搭配方法

1. 色彩明度的对比搭配

亮度对比度是指使用颜色来创建明暗对比效果，这也称为阴影对比度。亮度对比具有强弱之分。强烈对比色之间的对比度高，对比度强，就有明显的凹凸效果，如黑白对比度。浅灰色和白色的对比，淡粉色和淡黄色的对比，紫色和深蓝色的对比都是弱对比，微妙、细腻、柔软、自然。由于化妆的颜色与亮度的对比度一致，平面的特征突出，并且具有立体感。

2. 色彩纯度的对比搭配

纯度对比度表示由色纯度差异形成的颜色的对比效果。纯度越高，颜色越亮；对比度越强，妆容越亮，跳跃感也就容易实现。纯度低，颜色鲜艳、对比度弱，美容效果就会比较细腻柔软。在化妆中，颜色与纯度的对比度相匹配，应区分颜色的主要和次要关系，以避免出现混乱的化妆效果。

3. 同类色、邻近色的对比搭配

对比色对比度表示相同色调的不同纯度和亮度的对比度。例如，在化妆品上使用的深棕色和浅棕色是类似的颜色对比。相邻颜色对比度是指调圆中颜色的对比度，例如，绿色和黄色、黄色和橙色之间的对比度等。因此，在化妆时，需要适当地调整颜色的亮度，以使化妆效果协调。

4. 互补色、对比色的对比搭配

互补色对比度是指色调圈中的两种 180°颜色，例如，绿色和红色、黄色和紫色、蓝色和橙色。对比色对比度是指三种基色中的两种之间的对比度。这两种对比都是强烈的对比，对比效果显著，适合浓妆和热烈的氛围。在搭配过程中，要注意强烈效果下的和谐关系。协调的方法是改变面积，改变亮度，改变纯度等。

5. 冷色、暖色的对比搭配

颜色的冷暖效果是各种颜色给人们带来的心理感受。暖色，具有艳丽、醒目、引人注目的效果，给人温暖、兴奋的感觉；冷色，具有神秘、冷静的效果，给人以安静、平和的感觉。在暖色调的衬托下，冷色看起来会更加冷艳，例如，冷色系的妆面运用暖色点缀，则更能衬托妆容的冷艳；暖色系在冷色的映衬下会显得更加温暖。使用化妆颜色时需要考虑这一点。

二、眼影色与妆面色的搭配

1. 淡妆眼影色及妆面效果

淡妆眼影色妆容简单，柔软自然。在搭配时，要根据个人喜好、年龄、职业、季节和眼睛状况进行选择。如浅蓝色和白色搭配，使眼睛看起来清晰透明；浅棕色和白色搭配，使眼睛看起来朴素、冷静；淡灰色和白色的妆容给人一种理性和严肃的印象；粉红色和白色搭配则充满了青春活力。

2. 浓妆眼影色及妆面效果

浓妆眼影色对比强烈、夸张，色彩鲜艳，配色效果醒目，脸部立体感强。选择眼影颜色时，要根据不同的化妆类型选择要使用的眼影颜色。例如，紫色和白色搭配，妆容冷艳神秘；蓝色和白色搭配，妆容优雅明亮；橙色和白色搭配，妆容温柔淡雅；绿色和黄色搭配，妆容青春靓丽。

3. 唇膏色与妆面的搭配

1）棕红色
颜色朴实，使妆容稳定、细腻、成熟，适合年龄较大的女性。

2）豆沙色
颜色细腻，自然，使妆面柔、优雅，适合较成熟的女性。

3）橙色

颜色青春，使妆面热情，富有活力，适合具有青春气息的女性。

4）粉红色

颜色有吸引力、柔软，使妆容看起来清新、可爱，适合肤色较白的少女。

5）玫瑰红

颜色优雅，华丽，使妆容效果夺目，适合宴会妆和新娘妆。

三、色彩与妆色

1. 皮肤色调与妆色

生活艺术化妆有不同类型，如日常妆、新娘妆、晚宴妆等。无论是哪种类型的化妆，都有化妆的主题，即人物和相应的条件（时间、地点、场合等因素）相适应。在任何化妆风格中，这两者都是不可分割的。

人体是有颜色的，化妆时要考虑的第一件事就是肤色。人体体内黑色素、血色素、类胡萝卜素决定了皮肤的颜色，血红蛋白和类胡萝卜素决定人体肤色的冷暖，黑色素决定皮肤的深浅明亮度。我们的眼睛、头发颜色等也是这三种色素组合而呈现的结果。

由于体内的这三种色素配比不同，就导致世界上呈现出不同的肤色，如黄色、白色、黑色和棕色等。我们在日常生活中观察到，即使皮肤发黄的亚洲人也有不同的肤色特征，而每个人的颜色属性决定了一个人穿着服装的颜色和化妆颜色。

对于亚洲人来说，我们把人的皮肤分为冷色调和暖色调两大类，以黄色为基调为暖色调，暖色调人的皮肤透着象牙白、金黄、褐色的底色调；以蓝色为基调为冷色调，冷色调人的皮肤透着粉红、蓝绿色、深紫色的底色调。

通过分析皮肤的色调，我们可以得出结论，每个人的衣服的颜色是由皮肤的颜色决定的，化妆颜色也应该与衣服的颜色相匹配。

化妆的冷暖系适用于所有化妆品类型。同样是日妆和晚妆，我们可以根据肤色差异，选择不同的化妆颜色，这对于眼影颜色选择是非常有帮助的。即使在暖色或冷色中，在化妆用色中也有差异，如何进一步区分各种皮肤的颜色，就要引入"季节性颜色理论"。

2. 四季的色彩理论

四季的色彩理论是西曼提出的一个理论。她根据不同的趋势划分生活中常用的颜色，将亮度和亮度的纯度分开，然后形成四组自成和谐关系的色彩系。由于每一组颜色的色彩群刚好与四季的颜色相吻合，便把这四组色彩群分别命名为以暖色基调为主的"春"、"秋"和以冷色基调为主的"夏"、"冬"。

1）春天的色彩

是明亮生动的色彩群（见图6.15）。春天万物复苏，百花等待绽放，柳树的新绿色、桃花的粉嫩色等一组明亮俏丽的色彩组合带来春天的喜悦和活力，给人一种年轻、充满活力、美丽和温柔的感觉。春季型的人应该穿着明亮、鲜艳的颜色，看起来会比实际年龄更年轻。

肤色特征：浅象牙色、暖米色，细腻透明。

眼睛特征：像玻璃珠一样，眼珠是浅棕色、黄玉色。

头发颜色特征：棕黄色、栗色、茶色，发质细腻柔软。

图 6.15　春季色彩

2）夏天的色彩

是柔和淡雅的色彩群（见图 6.16）。夏天碧蓝如海的天空，平静优雅的江南镇水边，水彩柔和的笔迹，这些都是夏天最生动的颜色。

夏季型的人使人感到温柔亲切。夏季型的人的肤色特征决定了轻柔淡雅的颜色才能衬托出她温柔、恬静的气质。

肤色特征：乳白色皮肤或以冷色调为主的褐色皮肤、小麦色皮肤。

眼睛特征：眼睛柔和，整体感觉温和，眼睛呈深棕色、茶色。

头发颜色特征：柔软的黑色、灰黑色、棕色或深棕色。

图 6.16　夏季色彩

3）秋天的色彩

是一组丰富多彩的颜色（见图 6.17）。枫叶红和银杏黄色的秋天，整个景象都是令人眼花缭乱的金色浪漫气息。金黄色的玉米和古老的绿色山脉交织着华丽、成熟和凝重的秋天。

秋季型的人有像瓷器一样光滑的象牙皮肤或略深的棕褐色皮肤。一双柔和的眼睛，加上深棕色头发给人一种成熟稳定的感觉。它是四季色中最成熟华丽的代表。

秋季型的人穿着暖色调，会与自己的色彩和谐相融合，看起来自然而优雅。

肤色特征：象牙色的皮肤，如瓷器一般，还有深橙色、暗驼色或黄橙色。

眼睛特征：眼珠是深棕色、焦茶色，眼白为象牙色。

头发颜色特征：棕色、铜色、巧克力色。

图 6.17　秋季色彩

4）冬天的色彩

是冷峻惊艳的颜色群（见图 6.18）。灿烂的彩色旗帜，白色的雪景和黑暗的夜晚，完美地诠释了冬天的主题，表明了冬季色群热烈、分明、纯正的性格。

冬季型的人穿着对比鲜明、饱和纯正的颜色。无色彩或者醒目的纯色适合冬季人的肤色和整体感觉。

肤色特征：青白色和黄褐色。

眼睛特征：眼珠是深黑色和焦茶色。

头发颜色特征：头发颜色是黑褐色、银灰色、深酒红色。

图 6.18　冬季色彩

色彩的搭配不仅要考虑妆面，还要考虑人体肤色和服装的整体颜色，以达到协调统一的效果。人的个性也会影响整个色彩的匹配。比如，性格开朗的人适合绚丽的色彩；个性内向沉闷的人更适合柔和的色彩，让整体感觉不那么冷淡；个性成熟稳重的人适合沉稳柔和的颜色，让整体妆容更简单大方。

关于冷暖色，暖色明亮而醒目，具有扩张感；冷色神秘而平静，有收缩感。冷色系的妆容使用暖色点缀，则能衬托出妆容的冷艳；暖色在冷色的衬托下则会显得更加温暖。因此，在选择化妆颜色时，需要注意冷色和暖色之间的对比。

事实上，所谓的色彩匹配是根据化妆的整体需要正确处理色彩和色彩之间的关系。这既包括要处理强弱的关系，也包括要处理微弱的关系。由于信息明确，色差关系大，相对会好处理些，而色差关系小的，处理却相对困难。因此，在匹配颜色的前提下，首先需要掌握有关颜色的基本知识。除了善于使用饱和色彩和炫目的色彩外，还要掌握那些低纯度的色彩，以实现整个妆容的完美协调。

【练习题】

1. 色彩的三要素是什么？
2. 简述三原色与三间色的区别。
3. 素描有几种表现手法？
4. 简述春季色彩理论的特点。
5. 练习石膏几何体以及人物五官的写生。

第七章 空乘高级化妆技巧——空乘矫正化妆

【学习目标】
1. 掌握脸型的矫正化妆。
2. 掌握五官的矫正化妆。

第一节 脸型的矫正化妆

矫正化妆是在学习过初级化妆的基础上一种较深的化妆方法，需要深入了解及熟练掌握骨骼肌肉的位置及走向，具备对人的脸型和各部分的比例全面把握的能力，并能够准确、熟练地掌握矫正化妆的方法，运用各种化妆方法和色彩明暗的变化，造成"错视"，通过矫正化妆的手法弥补面部缺陷，发挥自身的特点和优势，展现出个人魅力，体现整体的和谐之美。

一、不同脸型的矫正

人的脸型大致分为七种：标准形、长形、圆形、方形、菱形、正三角形、倒三角形。东方人的脸型以圆形居多，西方人以方形脸居多。世界上没有两面脸完全相同的人，两边脸对比也会出现或大或小，或方或圆，颧骨的位置左右可能不对称等缺陷，但这些不完美的缺陷都可以通过化妆的修饰来弥补。针对不同脸型的矫正化妆方法如下所述。

1. 长脸型

特征：三庭过长，面颊消瘦，这种脸型给人以沉着、冷静、成熟、轻柔的感觉，但也让人感觉缺少生气。

矫正方法：化妆时注重横向扩宽脸型，内轮廓用颜色较浅的底色，选择亮于自己肤色的粉底；外轮廓选择用较深的粉底色，主要强调前额发际线的边缘线及下颌骨边缘，可以使整个面部长度缩短。高光涂抹在三角区，使面部造成横向拉宽的效果，在眼部外侧加重，强调外眼角，拉伸眼睛的宽度，造成在视觉上面部拉宽。腮红的位置尽量压低。在化妆时要注意将眼形、眉形、腮红的位置横向拉长。鼻部不宜做整条的鼻侧影，会拉长中庭，可将鼻部中间位置进行提亮。如图 7.1 所示。

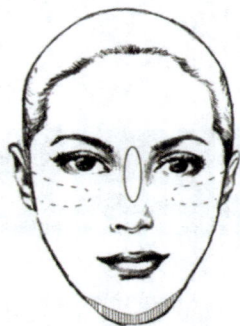

图 7.1　长脸型

发型：可以选择刘海儿，留短发、中长发。面颊两侧的头发可吹得蓬松一些，视觉上加宽面部，使脸部显得饱满、圆润。

2. 圆形脸

特征：面颊圆润，无立体感，面部骨骼转折平缓、无棱角，给人珠圆玉润、亲切可爱的视觉感受，反之，也会给人以稚嫩、肥胖或缺少威严感的感觉。

矫正方法：化妆时着重强调脸部立体轮廓的打造，可适当提亮，突出面部中心，虚化面部边缘，可运用涂抹暗影的方法。同时在 T 字区进行高光提亮，增加鼻部立体感，调整眉形，适当加高眉形，造成视觉上加长脸型的目的。同时要注意眼部的刻画，不适合过长的眼型，适合打造圆形的眼型，画眼影的范围不适合过宽、过大，可加粗眼线，突出眼部结构。可用鼻侧影收缩鼻翼、鼻尖，腮红的位置斜向扫。如图 7.2 所示。

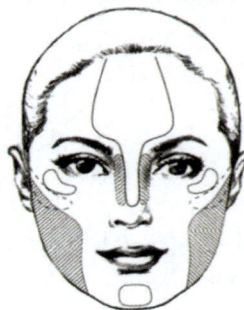

图 7.2　圆形脸

发型：圆脸型的人不适合过长的头发，可选择短发，头发顶区加高，以蓬松状为最佳。

3. 方脸型

特征：方形脸的特征是额角与下颌角较方，转折明显，使人看起来正直、刚毅、坚强。有点男性化，缺少女性的柔美感。

矫正方法：提亮额中部、颧骨上方、鼻骨及下颏，使面部中间部分突出。用阴影色削弱两腮、下颌角、两侧额角；眉毛的修饰宜选择圆润、柔美的眉形，视觉上改善方脸不生动的缺点；眼影可选择粉嫩可爱一点的颜色，要与服装颜色相协调。腮红可以打得略高，增加一丝可爱感。将暗影色涂于颧弓下陷处和两腮处，嘴唇的刻画要圆润，唇峰部位不要刻画得过于尖锐。如图 7.3 所示。

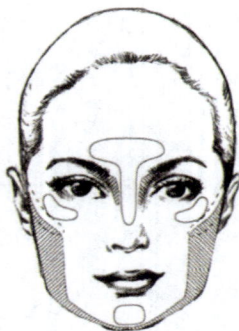

图 7.3　方形脸

发型：适合中长发，可适当烫成波纹状，可起到缩下颌角的作用。顶区头发可做得自然蓬松，前额的刘海儿可选择空气刘海，增加活泼感和活跃感。波纹状的头发可遮盖面颊两侧的棱角，凸显女性柔和的风韵美。

4. 菱形脸

特征：额头较窄，颧骨突出，骨感强，上额角与下颏窄而尖，这种脸形比较难选发型，易给人以严肃、缺乏亲和力、敏感的印象。

矫正方法：可以选用阴影色修饰突出的颧骨和尖尖的下巴，用提亮色在两额角和下颌两侧提亮，可以使脸型显得稍微圆润一些。适合圆润的拱形眉，眉尾可适当加长，眼影应向外晕染，拓宽颞窝处宽度，眼线也要适当拉长上挑。腮红不要选择太突出的颜色，淡淡地稍做点缀。如图 7.4 所示。

图 7.4　菱形脸

发型：比较适合梳刘海儿，刘海的位置遮盖面线，比较适合短发或者中长发。

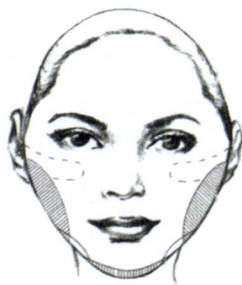

二、面部纵向比例失调的矫正

通过之前内容的学习，了解了不同脸型的矫正化妆方法之后，对脸型、眉形、眼形有了一个基本的了解。在现实生活中，人的三庭五眼的比例多少都会有些不标准，也会存在比例失调的问题，这就需要通过化妆的方式对其进行矫正，比如，面部纵向比例失调该怎么去矫正？具体方法如下所述。

1. 上庭长

针对上庭长的人，重点就是要缩短上庭的比例，可以使用阴影色收缩上庭的长度，起到一个视觉上缩短上庭的效果。发型可选择梳刘海，遮住上庭。

2. 上庭短

针对上庭短的人，可用高光色提亮上庭或在内轮廓使用较浅的颜色来弥补上庭长度的不足。

3. 中庭长

中庭长的人不适合鼻子大面积打高光，不能用高光从鼻梁延伸到鼻底。在做鼻梁高光时，适合局部使用，在鼻根位置不要太高的地方，可以不化鼻侧影。化妆的重点放在眼部的刻画。

4. 中庭短

中庭短的人跟中庭长的人正好相反，比较适合涂抹高光，可在整个 T 区做高光，拉长鼻根到鼻头的距离，而眉峰宜化成挑高眉，在视觉上达到拉长中庭的效果。

5. 下庭长

下庭长的人可选择扩大上半部的发型，在下庭的位置可涂抹暗影起到收缩的作用。

6. 下庭短

下庭短的人需要用高光提亮下庭，达到在视觉上延伸下庭的作用，但还要考虑脸型的问题，一般圆形脸、方形脸不适宜横向提亮，会显得下庭过宽。眼部可适当加重眼影，利用视觉转移，吸引人们的视线集中在眼部，忽略下庭短的缺陷。

三、面部横向比例失调的矫正

对于面部横向比例失调的矫正，化妆方法如下所述。

1. 两眼间距偏近

重点要加强外眼角的刻画，内眼角捎带修饰，可选择外晕眼影，向外延伸，眼线也向外拉长、延伸。如图7.5所示。

2. 两眼间距过远

应着重强调内眼角的刻画。用眼线强调内眼角，达到拉近两眼距离的效果。两侧眉头也要拉近距离，眼影重点刻画里侧，呈侧躺V字形。鼻侧影可适当加深，腮红成环状。如图7.6所示。

图7.5　两眼间距偏近

图7.6　两眼间距过远

第二节　五官的矫正化妆

一、眼部的矫正化妆

眼睛是心灵的窗户，它能体现一个人的神采和风韵，眼部的修饰也是整个面部化妆的重要部分。其目的是通过化妆的方式使眼睛显得更加美丽和增加神韵，可通过画眼线的方式，运用线条描画勾勒出眼形，对眼形进行修饰和矫正，以体现出眼周的立体感；也可运用眼影的色彩进行晕染来强调或弱化眼部。除此之外，也可以通过粘贴双眼皮胶带等方式来对眼部进行修饰。不同眼型有不同的矫正方法，具体方法如下所述。

1. 小眼睛

特征：眼裂比较小，给人以可爱的感觉，但是眼睛缺乏神采，也会给人平淡、无神的感觉。

矫正方法：可以在上眼睑的睫毛根部使用深色眼影，从睫毛根部由下向上晕染，由深至浅。可以选择大地色系的颜色。眉毛以细一点的为宜。

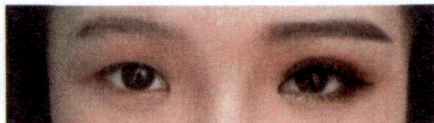

图7.7　小眼睛及矫正方法

眼线也不要画得太粗，上下眼线的描画不易有连接，这样在视觉上有放大眼睛的作用。如图7.7所示。

2. 圆眼睛

特征：眼睛的长度与宽度的距离相当，给人以天真、机灵的感觉，但同时有缺乏稳重的感觉。如图7.8所示。

矫正方法：运用眼线画出眼尾，延伸眼睛的长度，拉长外眼角；可运用外晕眼影法，拉长眼型。眉毛宜化成平眉，但是眉尾要略长。如图7.9所示。

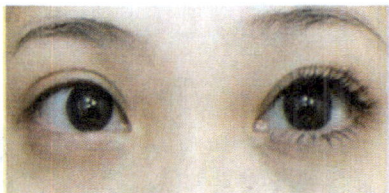

图 7.8　圆眼睛

图 7.9　圆眼睛的矫正方法

3. 上斜眼

特征：也叫丹凤眼，一般单眼睑偏多。外眼角高于内眼角，外眼角上挑，显得目光锐利，给人很厉害的感觉。如图7.10所示。

矫正方法：在内眼角的眼线应适当加宽加粗，至外眼角最低的位置越来越细。内眼角可选择柔和的颜色，如奶茶色，外眼角选择略深的颜色，如深咖色，最终给人以外眼角下降的感觉。下眼影可适当地涂抹一些，眉毛可以画得略微弯曲。如图7.11所示。

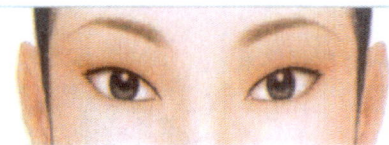

图 7.10　上斜眼

图 7.11　上斜眼的矫正方法

4. 下斜眼

特征：内眼角高于外眼角，外眼角偏低，下垂。下斜眼给人很忧郁、惹人怜爱的感觉。如图7.12所示。

矫正方法：眼线着重刻画外眼角，应从角膜平行的外侧起画至外眼角逐渐加宽晕染，可使用深色眼影加重外眼角，起到调整眼形的作用。如图7.13所示。

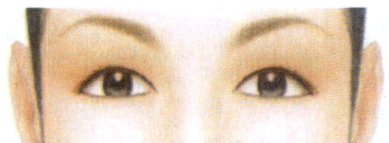

图 7.12　下斜眼

图 7.13　下斜眼的矫正方法

5. 肿眼泡

特征：眼睑过于肥厚，原因是脂肪层较厚，或者过度饮水引起的。肿眼泡给人以缺乏活力的感觉。如图 7.14 所示。

矫正方法：眼线着重强调眼头和眼尾，眼部中间较细，尽量保持平直，眼尾部略上扬；眼影应重点体现眼周骨骼结构，在上眼睑沟处用偏深的颜色表现，晕染面积不宜过大，越接近眉腰的位置颜色越浅；眉毛不宜画得过细，可适当画出棱角感。如图 7.15 所示。

图 7.14 肿眼泡

图 7.15 肿眼泡的矫正方法

6. 单眼睑

特征：单眼睑可分为两种，第一种是上眼睑处脂肪层较厚；第二种类型是上眼睑处脂肪较少，能够清晰地看到眼窝。如图 7.16 所示。

矫正方法：单眼睑眼型的矫正可以从以下几方面入手。

（1）眼影：根据上述两种类型，可以选择使用眼影的方法进行矫正。

第一种类型的单眼睑：可用较深的颜色，如深咖色等，从上眼睑睫毛根部由下向上晕染，睫毛根部晕染颜色较深，边缘过渡应柔和。眼眶外缘突出部位应适当运用高光色提亮，增加眼部的立体感。下眼睑处眼影的颜色和上眼睑相呼应，晕染范围也可略向下，使眼睛显得有神韵。第二种类型的单眼睑：可根据眼睛的结构，在距上睫毛线 3~5 毫米处用色，并逐渐将深咖色由下向上晕开呈自然弧形，

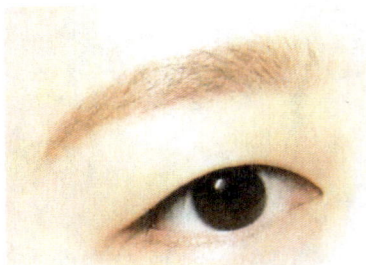

图 7.16 单眼睑

然后在其下部与睫毛根之间用亮色点缀，造成"假双"的效果。下眼睑处的眼影由睫毛根向外晕染，与上方相呼应。要做到自然、真实，还需要多加练习。如图 7.17 所示。

（2）睫毛线：第一种类型的单眼睑：眼线可修饰成在视觉上上下同样粗，下眼线可用深色眼影代替，且上眼线尾部可略向外扬。第二种类型的单眼睑：上眼线在睫毛根处就开始加深，边缘要处理柔和，由内眼角向外眼角进行描画，尾部略微上扬，眼线主要强调外眼角的睫毛根处，并由此向内眼角处淡化，可使眼睛显得自然、

图 7.17 单眼睑的矫正方法（1）

真实。如图 7.18 所示。

（3）眉毛：第一种类型的单眼睑：眉毛的修饰可略粗些；第二种类型的单眼睑：眉毛随眼睛弧度而自然描画，但不可过粗。如图 7.19 所示。

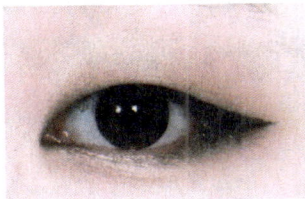

图 7.18　单眼睑的矫正方法（2）

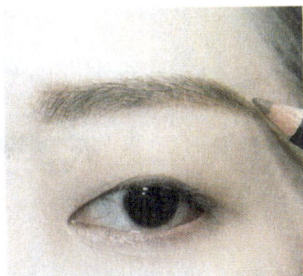

图 7.19　单眼睑的矫正方法（3）

二、眉部的矫正化妆

标准眉形的眉峰在整条眉毛的 2/3 处。不同人种的比例也略有区别，欧洲人眉峰在眉毛的 1/2 处，所以眼睛呈凹陷，而亚洲人眉峰言眉毛的 1/3 或者 2/3 处。画眉毛时注意两头浅，中间深，上浅下深。如图 7.20 所示。

眉毛颜色较浓的，眉头上缘可用染眉膏或粉底弱化；如果是断眉可用相同的颜色补上；眉毛短的要加长。

1. 向心眉

眉毛距离眼部很近，它同时也起到修饰眼部的作用，而且眉毛是面部中色泽最重的部位，也最容易引起别人注意。眉毛的形状也能表达一个人的内在情感和气质。如图 7.21 所示。

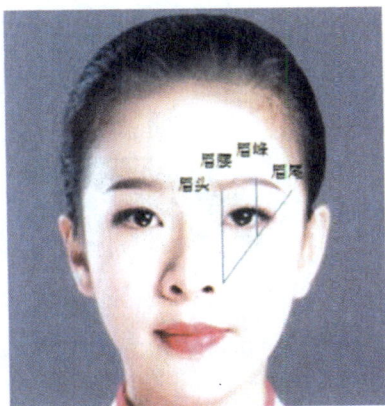

图 7.20　标准眉形

外观特征：两眉的眉头之间的距离过近，眉间距小于一只眼睛的长度。眉头过近会使人的五官显得过于紧凑，给人以紧张、不愉快的感觉。

矫正方法：将眉头过近、多余的眉毛去掉，画眉峰时向后移，适当延长眉尾。如图 7.22 所示。

图 7.21　向心眉

图 7.22　向心眉的矫正方法

2. 离心眉

外观特征：两眉的眉头之间的距离过远，眉间距大于一只眼睛的长度。两眉头距离过远使五官显得分散，给人以迟钝、距离感。如图 7.23 所示。

矫正方法：将两侧眉头移至内眼角上方，同时眉峰也要略向内移。如图 7.24 所示。

图 7.23　离心眉

图 7.24　离心眉的矫正方法

3. 上斜眉

外观特征：眉头很低，眉梢特别上扬。上斜眉给人以严厉的感觉，但过于上挑的眉毛则使人缺少柔美感，给人以刁钻的感觉，并有拉长面部的感觉。如图 7.25 所示。

矫正方法：可适当剔除眉头下方和眉梢上方的眉毛，调整眉型，使其尽量平直。重点刻画眉头上方和眉梢下方，使眉头与眉尾基本保持在同一水平线上。如图 7.26 所示。

图 7.25　上斜眉

图 7.26　上斜眉的矫正方法

4. 下挂眉

外观特征：眉头高，眉尾低。眉尾下垂的人给人以很丧气的感觉，不精神，忧郁和愁苦，增加年龄感。如图 7.27 所示。

矫正方法：可适当剔除眉头上方和眉尾下方多余的眉毛，其次在眉头下方和眉尾上方进行描画，压低眉头，提高眉尾的高度，使眉头和眉尾保持在同一水平线上。如图 7.28 所示。

图 7.27　下挂眉

图 7.28　下挂眉的矫正方法

5. 杂乱宽粗的眉毛

外观特征：眉毛生长面积过多且没有规律，显得人不够干净，过于随意，同时削弱了眼睛的神采，使五官不够突出。如图 7.29 所示。

矫正方法：杂乱的眉毛修饰的重点在于修去多余的乱眉。要根据眉毛的生理特征，找出眉毛的主流，要结合脸型和眼型设计出适合的眉形。在去除多余眉毛的同时先用眉梳理顺，再用眉笔加重色调。如图 7.30 所示。

图 7.29　杂乱宽粗的眉毛　　　　图 7.30　杂乱宽粗眉毛的矫正方法

6. 细而淡的眉毛

外观特征：细而淡的眉毛给人清秀的感觉，但眉毛过细使人显得小气而又缺少生气，尤其是使大脸庞的人显得很不协调。如图 7.31 所示。

矫正方法：根据脸型调整眉毛的弧度，强调眉峰，顺着眉毛的生长方向一根根地描画，加宽眉形，描画时注意要符合眉毛颜色的变化规律。如图 7.32 所示。

图 7.31　细而淡的眉毛　　　　图 7.32　细而淡眉毛的矫正方法

三、鼻部的矫正化妆

1. 塌鼻子

外观特征：鼻根低，鼻梁与眼睛近似齐平，甚至低于眼睛平面，面部中央略微凹陷，使面部缺乏立体感。

矫正方法：打底后，然后由鼻根向眉头涂上阴影粉，注意涂抹的力度与颜色的选用，千万不要凸显出明显的边缘痕迹，在鼻子两侧也涂上阴影粉，然后 T 区提亮，在视觉上使原本低陷的鼻梁凸起。如图 7.33 所示。

2. 鼻子过长

外观特征：一般鼻子过长的人面部中庭就偏长，造成鼻子显得很细，脸型显长，面部呆板。

矫正方法：矫正重点在于减少鼻侧影的晕染范围，不宜过长，重点刻画鼻部中央。鼻侧影只能局部使用，应在鼻梁中部两侧上下减弱，鼻梁上部平行向内眼角至上眼睑延伸，不与眉头相接。用亮色在鼻梁中部提亮即可。如图 7.34 所示。

图 7.33 塌鼻子的矫正方法

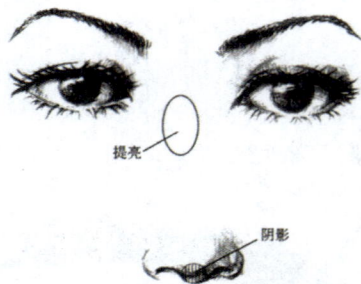

图 7.34 鼻子过长的矫正方法

3. 鼻子过短

外观特征：鼻子过短的人一般面部中庭偏短，在视觉上造成五官紧凑，给人以紧张、不开朗的感觉。

矫正方法：矫正重点在于加强鼻侧影的长度及 T 区提亮。将阴影色从眉毛连接到鼻根处至鼻尖做纵向晕染，鼻梁上的亮色晕染要从眉心到鼻尖，如鼻子过于短，还可延伸至鼻中隔，使鼻型拉长。如图 7.35 所示。

4. 翘鼻

外观特征：鼻根较低，鼻梁线条流畅但过于短，鼻尖向上翘，可见鼻孔，鼻中隔明显，显得人活泼可爱，但过于上翘且露鼻孔则有滑稽的感觉。

矫正方法：矫正重点在于运用阴影色修饰鼻尖并拉长鼻子。在鼻根两侧用阴影色造成在视觉上中庭比例正常，鼻中隔用阴影色收缩，并用亮色在鼻根部提亮。如图 7.36 所示。

图 7.35 鼻子过短的矫正方法

图 7.36 翘鼻子的矫正方法

5. 蒜形鼻

外观特征：鼻根低，鼻梁窄，鼻头很平但鼻翼肥大，有种头重脚轻的感觉，使人显得不够秀美。

矫正方法：矫正的重点在于加强鼻头的立体感，可使用高光色和阴影色进行修饰。鼻根、鼻梁高光提亮，增加鼻梁高度和宽度，鼻尖用亮色，鼻翼用阴影色，突出鼻尖，缩小鼻翼与鼻梁不协调的差距。如图 7.37 所示。

6. 尖形鼻

外观特征：鼻梁较窄，鼻翼紧贴于鼻尖，鼻尖偏小而单薄，鼻形显得瘦长，显得人小气并缺乏圆润、饱满感。

矫正方法：矫正的重点在于利用高光色打造出丰满圆润的鼻部。鼻梁上的高光色起到膨胀的作用，打造出一定的宽度，鼻尖的高光色向外晕染，鼻翼涂高光色。如图 7.38 所示。

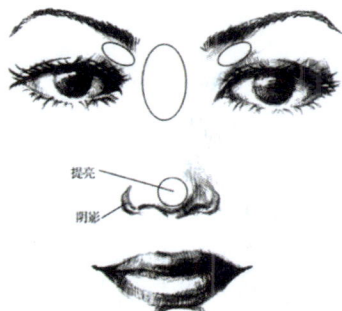

图 7.37　蒜头鼻的矫正方法

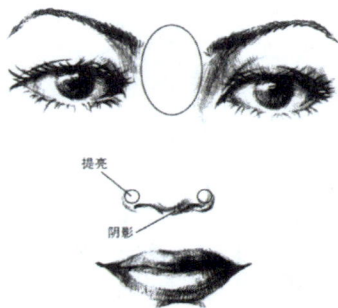

图 7.38　尖形鼻的矫正方法

7. 鹰钩鼻

外观特征：鼻根较高，鼻梁上端较窄且凸起，鼻尖向前、呈钩状，鼻中隔倾斜并后缩，面部缺乏温柔感，显得人冷酷。

矫正方法：矫正的重点在于对鼻尖进行处理，运用阴影粉涂抹在鼻根部使其收敛，鼻梁上端过窄的部位涂高光色使其加宽。鼻尖涂抹阴影粉修饰，鼻中隔用亮色使其延展。如图 7.39 所示。

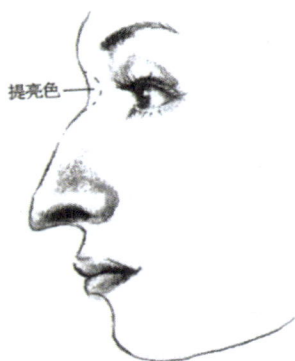

图 7.39　鹰钩鼻的矫正方法

四、唇部的矫正化妆

1. 唇部化妆规律

基本规律是：上唇薄，下唇厚，上唇长，下唇短。

唇峰的位置：两个唇峰越靠近越显年轻，越远离越显成熟。

生活中标准的唇峰画在人中到嘴角的 1/3 处，舞台化妆是标准的 2/3 唇峰，标准 1/2 唇峰显得成熟。

2. 各种唇形的矫正

1）唇形过大

外观特征：嘴唇的外形过宽、过大，造成唇部比例过于突出，导致面部五官比例失调。

矫正方法：可用粉底遮盖住原有的唇形，然后用唇线笔勾勒出想要的唇形，线条的宽度可控制在 1~2 毫米。唇线应描画得流畅，切记不要把上唇唇形画得过于方正，下唇也不能描画成船形。唇部的色彩宜选择中性色，如橙红、朱红等颜色，轮廓内侧颜色略深于轮廓外侧，可起到收小唇部的效果。如图 7.40 所示。

2）唇形过小

外观特征：嘴唇的外形过于短小的人，会造成面部比例失调，影响整体的和谐。

矫正方法：用唇线笔沿唇形外侧进行描画，切记不要扩充过大，否则会显得失真和不自然。唇部色彩宜选用偏暖且纯度高的淡色，如浅粉红、浅橙色等。如图 7.41 所示。

图 7.40　唇形过大及矫正方法　　　　　图 7.41　唇形过小及矫正方法

3）唇形过薄

外观特征：上唇与下唇的厚度比较单薄，使整体比例不均匀，面部缺乏立体感。

矫正方法：可选用比口红颜色深一色号的唇线笔，沿原唇形外侧进行描画。可将上唇的唇线描画得圆润饱满些，下唇唇形宜拓宽，但不宜太夸张。选用颜色较深的口红沿唇线边缘向里侧晕染，要注意口红与唇线的衔接，唇中部可用浅色带珠光的口红或唇彩点缀，使嘴唇更加立体、丰润。如图 7.42 所示。

4）唇形过厚

外观特征：唇形有立体感，显得性格饱满，但过于厚重的嘴唇，会使女性缺少清秀、柔美的感觉。

矫正方法：用粉底遮盖唇部的颜色，然后用唇线笔在原唇内侧描画略小于原唇的唇线，距离不可拉得过大，不要失真。唇色则选用哑光色的深色粉质口红。如图 7.43 所示。

图 7.42　唇形过薄及矫正方法

图 7.43　唇形过厚及矫正方法

5）鼓凸唇

外观特征：唇中部凸起，易形成嘴唇撅起的感觉，造成带有某种情绪的误解。

矫正方法：唇线选择与口红颜色相近的色号，可处理得模糊些，削弱嘴唇突起部位。唇色也不宜选用鲜艳或珠光色口红，宜选用中性的哑光色。另外，可加强眼部的修饰，转移人们对嘴唇的关注。如图 7.44 所示。

6）嘴角下垂

外观特征：嘴角下垂易给人不够开朗的感觉，表情过于严肃，有一种忧郁感。

矫正方法：运用唇线笔将下唇唇线略向上方提起，提高唇角的位置，上唇线的唇峰与唇谷的位置略低，造成视觉位置是升。下唇色应深于上唇色，可在上唇中部涂抹珠光提亮色，下唇不用提亮。如图 7.45 所示。

图 7.44　鼓凸唇及矫正方法

图 7.45　嘴角下垂及矫正方法

7）唇形平直

外观特征：嘴唇平直，唇峰不突出，缺少曲线，缺乏女性美，造成在视觉上缺乏面部表情。

矫正方法：用唇线笔适当勾画出上唇的唇峰，嘴唇的厚度稍作加宽，比原来的唇峰珞高，下唇略微画得大一些，可依个人喜好选择适合的口红色。如图 7.46 所示。

图 7.46　平直唇形及矫正方法

3. 唇色与眼部化妆的搭配

画好唇部还要注意很多，在了解了标准唇和各种唇的矫正化妆化法之后，还要掌握唇部颜色与眼部化妆搭配的技巧和规律。如图 7.47 所示。

一般情况下，在整个面部的化妆中应只强调一个重点，即强调眼部就不要强调唇部，强调唇部就不要强调眼部，掌握这一方法就不会有太大的失误。这种方法适合日常生活化妆。唇部的化妆特别是唇色运月和搭配虽无绝对的规则，但恰当地运用可充分体现妆感，会有意想不到的视觉效果。

1）表现高雅的气质

如果唇色配合强调眼部的化妆，则可使用接近无色的亮光唇膏或使用裸色系的哑光唇膏，使双唇散发出淡雅的感觉。如图 7.48 所示。

图 7.47　唇色与眼部化妆的搭配（1）

图 7.48　唇色与眼部化妆的搭配（2）

2）体现娇俏可爱的特点

眼部化妆偏淡、偏柔和时，可使用明亮的粉红色口红效果更好。如图 7.49 所示。

3）表现成熟女性的魅力

可使用橘褐色的唇膏，可除去娇柔之感，展现成熟魅力。如图 7.50 所示。

图 7.49　唇色与眼部化妆的搭配（3）

图 7.50　唇色与眼部化妆的搭配（4）

4）体现时尚感

使用泛黑红色口红，可以表现出女人的成熟与妩媚之美。可使用唇线笔，双唇的轮廓线要大胆清晰，增加时尚感。若不用眼影只用睫毛膏，可呈现红与黑的强烈碰撞，十分抢眼且时尚。如图 7.51 所示。

总之，不同的唇形会影响给人的印象。一般来说，直线条的唇形给人意志坚定、冷静的感觉，而弯曲的唇线可增添女性的妩媚感。可以运用唇线笔画出干净利落的轮廓线来表

图 7.51　唇色与眼部化妆的搭配（5）

现脸部的内涵，但线条的角度太小会使嘴唇显得突出，所以，若上唇唇峰高，则下唇底边的线条最好平直；下唇底边的两端往外侧拉长，加强唇部、会显出女性干练的神情。

　　进行唇部化妆时应运用矫正化妆的方法巧妙地改善自己的唇形。轮廓线的画法，不必完全被唇的边界线所局限，但千万不要忽视自己原有的唇线。要利用原有唇线进行修饰描画。以嘴唇凸起部分的界线为准，一次性地画完上唇、下唇及嘴角。涂抹唇膏时应注意由嘴唇内侧往唇边淡淡地画出层次，以降低唇色与肤色的差距，使唇形分明却显得自然高雅。如果没有过多颜色的口红，仅用一支口红，涂抹的薄厚度不同也能画出各种不同的效果。对唇部的化法与口红颜色搭配技巧的把握，还需要在实践中不断摸索，总结经验。如图 7.52 所示。

图 7.52　唇色与眼部化妆的搭配（6）

【练习题】

1. 面部横向比例失调分为哪几种？应该怎么矫正？
2. 简述方形脸的矫正方法。
3. 简述单眼睑的矫正方法。
4. 简述离心眉的矫正方法。
5. 简述鼻子过短的矫正方法。
6. 简述嘴角下垂的矫正方法。

第八章 空乘化妆常用化妆色彩的搭配

1. 了解化妆常用色彩及搭配。
2. 掌握妆面的搭配技巧。
3. 掌握服装色彩搭配技巧。
4. 了解修饰与配饰。

第一节 化妆常用色彩及搭配

一、化妆常用色彩

目前人类可以分辨的颜色已达到几百万种。在生活化妆中，很少使用单纯的三原色，因为难以和肤色相协调。化妆常用色彩具体介绍如下所述。

1. 眼影色

眼影色是化妆品中色彩最为丰富的，除了特殊化妆之外，一般常用的颜色是棕色、褐色、蓝灰色、蓝紫灰、玫瑰红、浅棕红、绿灰等。这些颜色的特点是色彩的饱和度较低，而过于鲜艳的颜色涂在眼睑上会显得十分刺眼。

2. 腮红色

比较常用的腮红颜色一般为暖色调的复色和间色，如面红色有玫瑰红、棕红、桃红、砖红、粉红等，基本上都是由两种以上的颜色调和而成的。

3. 唇膏色

唇膏的颜色主要以红色为主，与面红色一样，常用的唇膏颜色并非单纯的大红，而是与唇色相近的本色红、棕红、玫瑰红、砖红、桃红等。这些颜色既可以修饰唇色，又容易与面部整体和谐统一。

4. 粉底色

在化妆中，肉色也是使用较多的颜色，如粉底色，基本上都属于深浅不同的肉色。白色、黑色也是化妆中用得着的颜色，画眼线、涂睫毛液、描眉都离不开黑色；白色则作为一种增加色彩明亮度的调和色使用。

二、化妆常用色彩的搭配方法

1. 同类色组合

利用没有冷暖变化的单一色调，是最简单易行的组合方式，优点是统一性强，有和谐感，缺点是缺少活跃感。可以利用不同的明度和纯度的变化或与黑白灰相配，以避免色彩的单调，如深红和浅红的搭配、深绿和浅绿的搭配。如图 8.1 所示。

图 8.1　同类色组合

2. 邻近色组合

被称作是较完美的组合方式。使用在色环上邻近的色彩进行组合，特性相似，但又有不同，有殊途同归的感觉。特点是常给人整体、柔和、调和之美，但如运用不当，容易显得单调。因此，要特别注意色彩明度的变化，以避免容易出现的对比模糊的弱点，使色彩有多层次感，如橙+黄、蓝+绿等色的配合。

两个颜色的明度与纯度可以相互交错开来，如此便能显出调和中的对比变化，如深蓝+浅绿的对比色、中橙+淡黄的对比色。如图 8.2 所示。

图 8.2　邻近色组合

3. 对比色组合

在对比色中差异性很大的组合色彩，既有相互对抗的一面，又有相互依存的一面，在吸引人或刺激人的视觉感官的同时，产生出强烈的审美效果。其组合色彩的优点是，色彩效果特别显著，明快、活泼、引人注目。其缺点是如运用不当的话，容易出现不和谐感。这样的组合多用于浓妆。因此在不同色相中，红与绿、黄与紫、蓝与橙、白与黑都是对比色。

特别鲜艳的色彩对比，也能给人和谐的感觉。如红色与绿色是强烈的对比色，如搭配不当，就会显得过于醒目、艳丽。如果在红与绿之间适当添一点含灰色的饰物，使对比逐渐过渡，就能显得和谐。或者红、绿双方都加以白色、黑色、灰色的调和，使之成为浅红与浅绿、深红与深绿、灰红与灰绿，看起来就不那么刺眼了。如图8.3所示。

图8.3　对比色组合

4. 主色调搭配

配色时色彩过于复杂会有杂乱纷扰、不稳定感。以一种主色调为基础色，再配上一两种或几种次要色，使整个色彩主次分明、相得益彰。采用这种配色的方法，用色不要太复杂、凌乱，尽量少用。这种主色调搭配多出现在多色眼影的搭配上，或者在腮红、口红与眼影色的搭配上，以及妆容与服装色彩的搭配上。

第二节　妆面的搭配技巧

自然清新的眼部妆容的确能令人容光焕发。选择眼影，应根据化妆者的肤色、服饰风格及所处的场合来决定。

对于我国大部分的女性来说，因为眼皮较厚、眼眶较浅及肤色发黄等原因，国际上流行的金色、鲜艳的绿色、银色等颜色并不一定适合我国大部分女性，反而会令眼睛显得肿，使肤色显得灰暗。即使同为黄皮肤，冷色皮肤与暖色皮肤适合的眼影颜色也不同。一般黄色和淡绿色较适合暖色皮肤，而淡紫色更适合冷色皮肤。金棕色与白色眼影搭配使用，适合大多数我国女性的眼妆造型。

一、眼影与妆型

眼影可分为阴影色、亮色、强调色三种。阴影色是收敛色，涂在希望凹的地方或者显得狭窄的应该有阴影的部位，这种颜色一般包括暗灰色、暗褐色；亮色，也是突出色，涂在希望显得高、显得宽阔的地方，亮色一般是发白的，包括米色、灰白色、白色和带珠光的淡粉色；强调色可以是任何颜色，其真正作用是明确表达自己的意思，吸引人们的注意力。不同的妆型，搭配出的眼影色效果也不同。眼影与妆型类别见表8-1。

表 8-1 眼影与妆型类别

类型 项目	生活淡妆	晚宴妆	新娘妆	时尚妆
眼影效果	柔和，搭配简洁、自然	色彩丰富、艳丽，对比较强	以中性偏暖的喜庆色为主，但也应顾及化妆的季节和着装的特点	随流行而变化，当前流行色有很多，色彩质地为金属、珠光、油质效果
常用色彩	浅棕、深棕、浅黄、浅蓝、蓝灰、粉红、米白、白、粉白等	深浅咖啡、灰、蓝灰、蓝、绿、紫、橙黄、橙红、玫瑰红、珊瑚红、橙、明黄、鹅黄、银白、银、粉白、蓝白、米白、珠光色等	咖啡、天蓝、紫褐、蓝紫、玫瑰红、珊瑚红、橙红、夕阳红、粉白、米白、米黄、蓝白等	蓝、绿、鹅黄、橙黄、紫褐、金、银、蓝白、玫瑰红、樱桃红等珠光色。注意随流行而变化
色彩搭配	深咖啡+浅黄，偏暖，明暗效果明显；浅咖啡+米白，中性偏暖，朴素；蓝灰+白，偏冷，脱俗；粉红+白，偏冷，青春有活力；珊瑚色+粉白色，偏暖，喜庆活泼	深咖啡+浅咖啡+橙红+明黄，暖，朴素、热情、富有活力；灰+蓝灰+紫+银，冷，典雅脱俗；蓝+紫+玫瑰红+银白，偏冷，冷艳；深咖啡+橙红+鹅黄+米白，暖，喜庆而华丽；蓝灰+珊瑚红+紫+粉白，中性偏冷，典雅；绿+橙，中性偏暖，明快	咖啡+橙红+米白，喜庆大方；紫褐+珊瑚红+粉白，喜庆而妩媚；天蓝+夕阳红+蓝白，喜庆而娇柔；蓝紫+玫瑰红+米白，喜庆而高雅	蓝+黄+银白，热烈而生动；绿+鹅黄+樱桃红，热烈而妩媚；紫褐+玫瑰红+橙黄+蓝白，热烈而高雅；蓝+玫瑰红+鹅黄+银，艳丽而高贵

二、多种眼影的组合

眼影的选色是整体妆容中最复杂的。在化妆过程中能合理地运用色彩原理，可以体现眼部精致的色彩安排。多种眼影色彩的丰富运用有助于眼睛的美化，但如运用得不恰当，反而会凌乱无序，显脏显乱，破坏整体妆容效果。因此在运用多色眼影修饰眼部时，一定要从整体效果出发，注意灵活运用色彩。可以从以下方法中寻找整体妆色的搭配。

1. 色彩的统一

取得美感的基本形式法则是多样变化中求统一，这也是色彩和谐感的关键所在。依据服装的颜色找到主色调，在主色调的基础上，加上其他颜色。比如，以粉红色为主色调，在靠近鼻侧影的地方，加一点淡黄色，在靠近睫毛处加紫色，下眼睑也用粉红色和浅黄色。这样，既能强调眼睛的结构，又做到了色彩的和谐统一。

2. 色彩的比例

指的是在造型中各种色彩占有量的比例关系。多种颜色的眼影组合在一起，如果每种颜色的面积大小都相等，就容易形成视觉上的杂乱感。所以，在涂眼影时，主色调的颜色面积可大一点，其他色彩的面积作为陪衬与点缀，在形状、大小上要有变化，要小一些。还有，一样大的对比色并置一起也不舒服，缺乏美感。当调整体量比例后，色彩效果就得到改观，大家熟知的"万绿丛中一点红"就形成了生动、奇特的色彩效果。

3. 色彩的对比

在多色眼影的运用中，可采用明度对比、纯度对比、补色对比、冷暖对比等色彩的综合对比方法。

1）明度对比

明度对比即深浅对比，可以通过颜色的深浅变化来塑造眼部形象。这种方法容易使色调统一，而且在层次变化的过程中容易表现出眼部的立体结构。

强明度对比使眼部结构立体，如在眼窝处用深棕色，在眼睑处用金色，在外眼角处用黑色，下眼睑处用浅棕色，眼眶上缘处用浅金色。弱明度对比则使眼部含蓄淡雅，如在内眼角靠近鼻子的地方用深紫灰色，逐渐过渡至眼睑部分的淡紫色，接近眼眶的部分用暖色浅玫瑰红，眼眶用淡粉色，下眼睑用蓝紫和深紫。

2）纯度对比

纯度对比即艳浊对比，一般来讲，纯度关系中，鲜而亮的色彩显得艳丽，相反则有朴素感；有色系会显示出艳丽，无色系则会显示朴素。所以，纯度对比强，眼妆显得鲜艳华丽，反之显得柔和。多色眼影的组合要能分清主次关系，灵活运用眼影色的强弱纯度，避免产生过于花哨、杂乱的眼妆。

3）冷暖对比

色彩的冷暖指的是生理直觉和心理对色彩的共同感知和反应。暖色有迫近、扩大、膨胀感，冷色有后退、缩小感。有时为追求动感而借助色彩冷暖对比，以表现轻重、强弱、进退感。

冷暖本身有其相对性，它们之间关系复杂又灵活。主要体现在两方面：一是冷暖色的确定性，红、橙、黄是暖色，蓝为冷，紫和绿是中性色。二是冷暖色的可变性，这三类色本身也有冷暖差，如朱红比玫红暖，红紫比蓝紫暖。而且色彩的冷暖又会随周围颜色的情况而变，如在红色背景下棕色会偏冷。

色彩的冷暖感有很丰富的内容，为人物造型设计中色彩的运用提供了多样的手段。因此在化妆时可以用微弱的色度差，在生活妆中取得较好的眼妆自然效果。例如，使用偏冷的淡紫色和浅黄色，比用纯紫、纯黄容易取得柔和效果；相反，用纯度高的对比色，眼妆色显得浓艳。

另外，暖色在冷色的映衬下会更温暖，冷色在暖色的映衬下会更显冷艳，在安排眼影色时，可以充分利用这一点。

三、腮红与妆面的搭配

虽然腮红不如眼影色彩变化那么明显，通常以冷暖红色为主，但不同颜色的腮红在不同人的脸上会呈现不同的效果。

由于色彩的纯度不同，形成的鲜艳度也不相同。色彩的纯度越高，其色彩越鲜艳。一般来讲，为显示皮肤质感的健康红润感，不宜选用太艳的腮红色，容易有虚假感。反之，以艳色腮红作为装饰，主要与服装、眼影、唇部的颜色相搭配，有强化色彩的作用，但只适合于浓妆。

在色彩学中，有"暖色向前、冷色退后、浅色凸起、深色凹下"之说，在化妆时可利用这种视错觉与视幻觉的原理进行修饰。可以用偏冷的、偏深的腮红颜色作为脸部阴影色，或者选用明亮、鲜艳的暖色腮红作为脸部膨胀色，来强调和调整脸颊部位凹凸起伏的结构。

腮红色调的选择还应根据皮肤的色调、服装的色调来确定，以便形成整体色调的统一。

1. 腮红与肤色的搭配

肤色偏黄、偏黑者用橙色、浅棕色等暖色作为腮红，可以取得良好的整体效果。

肤色白皙者，若用色彩纯度低的腮红色，容易获得自然而生动的效果。在一般生活妆中，浅棕红、浅桃红、淡玫瑰红等比较适合较白肤色者选用。

2. 腮红与妆型

腮红与妆型类别如表8-2所示。

表8-2 腮红与妆型类别

项目＼类型	自然色系	粉红色系	玫瑰色系	橙色系	棕色系
色彩	浅灰红、浅棕红、浅朱红、浅大红	粉红、浅桃红等	浅玫瑰红、深玫瑰红、深色桃红、浅紫红等	橘红、橘黄等	浅棕、土红、深棕等
适合妆型	类似于面部自然红润色，化淡妆或为显示肤色健康，可用自然色系的胭脂	与肤色、服饰搭配使用，使肤色娇嫩可爱，给人一种青春、靓丽的感觉，适合年轻人化妆	适宜于装饰性强的化妆，对于表现成熟的女性美及优雅的风度，有良好的效果	有消除肌肤晦暗的作用，可提高皮肤的透明感	作为阴影色腮红修饰脸形，多用在中年女性化妆、男性化妆

四、唇色与妆面的搭配

根据色彩的冷暖特性，一般将口红的颜色分为两类：一类带黄色，属于暖色系列，包括红黄色、粉黄色、橙色等；另一类带蓝色，属于冷色系列，包括紫色、玫红、桃红等。

颜色鲜艳发亮的口红可以使嘴唇看起来丰满，而颜色深的口红则可以使嘴唇看起来薄一些。典型的东方人的口红颜色最好选择以暖色系列为主，这样能使皮肤看上去粉嫩、透明。唇膏色彩的运用应与化妆者的肤色、眼影色、个性和气质相协调。

1. 唇色与肤色的配合

唇色与肤色的配合如表8-3所示。

表8-3　唇色与肤色的配合

项目 \ 类型	浅冷肤色	黄肤色	深肤色	灰暗肤色
唇色选择	白皙的皮肤色调带有偏冷的色彩倾向，比较适合涂玫瑰红、桃红、粉红等略带冷色性的唇膏	面部肤色偏黄的人，可涂棕红、酒红、橘红等略带暖色性的唇膏	肤色深暗的人，如果要想得白一些，可涂深色唇膏。如果想要突出皮肤的黑，可涂浅色唇膏	面部灰暗，常带有一种病态，如果没涂抹底色，就不宜涂抹鲜艳的唇膏，因为在对比之下，会使皮肤更没有光泽。可涂浅红或略带自然红的本色唇膏

2. 唇色与服装颜色的配合

唇膏与服装的色彩配合，主要从民族的、传统的审美习惯及大多数人的审美情趣出发来考虑。

服装色大体上有单纯色与组合色之分，有冷暖色之分，还有深浅色之分。

（1）与单色服装的搭配。与单色服装搭配的唇膏色可以是协调色，也可以是点缀色。如果穿一套红色的衣裙，那么，与之相近的唇膏是十分协调统一的。

橘红、橘色服装用偏橙色的唇膏也是相当合适的。粉色服装与粉色唇膏搭配，更加柔美。将唇膏色作为服装色彩的点缀，有时会十分动人，如穿着黑色服装，涂抹朱红唇膏会显得艳丽动人；涂抹玫瑰红唇膏会显得妩媚神秘；涂抹橘红唇膏则会显得清新跳跃。

黑色、白色、灰色具有最佳的搭配性能，因此，与之相配合的唇膏范围就较为广泛。

（2）与组合色服装的搭配。服装的颜色往往是两种以上的多种色彩的组合，与之相配合的唇膏色，应取其主要色调。在众多的色彩中，面积大的色块可以作为主色调，唇膏的颜色与之一致，可以加强色彩的整体感与感染力。如果上衣与裙子、裤子是两种颜色，唇膏的色彩应与接近面部的上衣颜色相协调。

服装的色彩一般总有色性上的冷暖区分，在大多数情况下唇膏的颜色也应在冷暖性质上与服装一致。例如，在紫色、蓝色等冷色系服装中，用桃红、粉红、玫瑰红、紫红等带有冷色倾向的唇膏，要比用橘红、朱红、棕红等颜色的唇膏看起来更具美感。

（3）与深浅色调服装的搭配。同样，深色服装用深色唇膏，浅色服装用浅色唇膏，效果都比较理想。

3. 唇膏色与妆型的配合

不同的唇膏色彩给人不同的感觉。唇膏的色彩应与整体的化妆风格一致，才能产生和谐的美感。

1）与淡妆搭配

在淡妆中，口红色主要为了显示一种健康的红润血色。口红色以浅色、透明色、鲜艳度低的颜色为佳。

2）与浓妆搭配

在晚妆、宴会妆、装饰性化妆、时尚妆等中，口红色往往需要作为整个面部化妆的一种点缀或装饰色。根据不同的场合可以浓艳，可以夸张，也可以根据需要随心所欲。但无论选用什么颜色，都应使唇色与整体面妆风格协调一致。

唇色与妆型的配合如表8-4所示。

表8-4　唇色与妆型的配合

项目 ＼ 类型	棕红	橙红	粉红	玫瑰红	豆沙红
色彩效果	色彩显得朴实	色彩显得热情，富有青春活力	色彩娇美、柔和、轻松、自然	色彩高雅、艳丽、妩媚而成熟	色彩含蓄、典雅、轻松、自然
适合妆型	适用于年龄较大的女性和男性化妆，使妆色显得朴实稳重	适用于青春气息浓郁的女性，使妆色显得热情而奔放	适用于皮肤较白的青春少女，使妆色显得清新柔美	使妆色显得光彩夺目，应用范围较广	使妆色显得柔和，适用于较成熟的女性

五、妆色与服装的搭配

在人的整体造型中，服装是表现效果最显著的部分。因此化妆不能独立在整体感觉之外，妆色要与服装的颜色相配合，从而达到完美的色彩感。服装与化妆搭配，容易产生整体的协调美，也可以运用对比色搭配，或其他方式的色彩搭配，这主要取决于化妆的类型及方法。

化妆与服装的颜色要完美搭配，其中较为简单的方法是将服装按颜色的冷暖、深浅进行分类。脸部的主色调与服装主色调相一致或接近时，整体有统一协调感，这样的色调多用于生活妆；反之，成对比关系时，整体效果有动感。

第三节　服装色彩搭配技巧

服装的风格和特征，通过色彩视觉造成，合理而和谐的色彩组合常常能带来神奇的视觉效果，令人耳目一新。一般来说，色彩有深浅、冷暖之分。深色显得安定、沉着（如图8.4所示），浅色显得文雅、大方（如图8.5所示）；冷色显得沉静、庄重，暖色显得热烈、奔放。

图 8.4　深色系空乘服装　　　　图 8.5　浅色系空乘服装

一、服装颜色搭配的基本色系

暖色系：红、橙、黄、粉红。
冷色系：青、蓝、紫、绿、灰。
中间色系：黑、白、咖啡色。

二、颜色的寓意

颜色是构筑我们多姿多彩世界的基本元素之一，对不同的颜色，人们也为其赋予了不同的含义，所以在不同场合下也要注意服装颜色与当时情景的吻合。根据所要出席的场合来选择正确的服装颜色，提升自我形象，避免尴尬的场面。各种颜色的具体含义如下所述。

红：热情、活跃、勇敢、野蛮、爱情、健康；
橙：友爱、豪爽、积极、富饶、充实、未来；
黄：智慧、光荣、忠诚、希望、喜悦、光明；
绿：公平、自然、和平、幸福、理智、幼稚；
蓝：自信、永恒、真理、真实、沉默、冷静；
紫：权威、尊敬、高贵、优雅、信仰、孤独；
黑：神秘、寂寞、黑暗、压力、严肃、气势；
白：神圣、纯洁、无私、朴素、平安、诚实。

三、颜色搭配原理

1. 掌握主色、辅助色、点缀色的用法

主色是占据全身色彩面积最多的颜色，占全身面积的 60% 以上。通常是作为套装、风衣、大衣、裤子、裙子等的颜色。

辅助色是与主色搭配的颜色，占全身面积的40%左右。通常是单件的上衣、外套、衬衫、背心等的颜色。

点缀色一般只占全身面积的5%～15%。通常是丝巾、鞋、包、饰品等的颜色，会起到画龙点睛的作用。点缀色的运用是日本、韩国、法国女人最擅长展现自己的技巧。据统计，在世界各国女性的装饰技巧中，日本女人最多的饰品是丝巾，她们将丝巾与自己的服装做成不同的风格搭配，并且会让人情不自禁地注意她们的脸；法国女人最多的饰品是胸针，利用胸针展示女人的浪漫情怀。衣服并不一定要多，也不必花样百出，最好选用简洁大方的款式，给配饰留下展示的空间，这样才能体现出着装者的搭配技巧和品位爱好。如图8.6所示。

图8.6　丝巾点缀

2. 自然色系搭配法

除了黄色、橙色、橘红色以外，所有以黄色为底色的颜色都是暖色系。暖色系一般会给人华丽、成熟、朝气蓬勃的印象（如图8.7所示），而适合与这些暖色基调相搭配的色系，除了白色、黑色，最好使用驼色、棕色、咖啡色。

图8.7　暖色系空乘服装

冷色系是以蓝色为底色的色彩（如图8.8所示）。与冷色基调搭配和谐的无彩色，最好选用黑、白、灰色，避免与驼色、咖啡色系搭配。

图 8.8　冷色系空乘服装

3. 有层次地运用色彩的渐变搭配

方法一：只选用一种颜色，利用不同的明暗搭配，给人以和谐、有层次的韵律感。

方法二：选用不同颜色、相同色调进行搭配，同样给人以和谐的美感。

4. 解决主要色、配色搭配的困扰

单色的服装搭配起来并不难，只要找到能与之搭配的和谐色彩就可以了，但有花样的衣服，往往是着装的难点。不过只要掌握以下几点也就很容易了。

方法一：无彩色，黑、白、灰是永恒的搭配色，无论是多复杂的色彩组合，它们都能融入其中。

方法二：选择搭配的单品时，在已有的色彩组合中，选择其中任一颜色作为与之相搭配的服装色，给人整体和谐的印象。

方法三：同样一件花色单品，与其搭配的单品选择花色单品中的不同色彩组合的搭配，不但协调、美丽，而且还可以变换心情和感受。

5. 上呼下应的色彩搭配

这种方法也叫"三明治搭配法"或"汉堡搭配法"。

当搭配遇到困惑的时候，还可以依据以下两个规则：

规则一：全身色彩以三种颜色为宜。当并不十分了解自己风格的时候，不超过三种颜色的穿着，绝对不会出位。一般整体颜色越少，越能体现优雅的气质，并给人利落、清晰的印象。

规则二：了解色彩搭配的面积比例。全身服饰色彩的搭配避免1∶1，尤其是穿着的对比色，一般以3∶2或5∶3为宜。

四、颜色搭配原则

服装搭配遵循以下原则会达到完美的效果：

（1）冷色+冷色；

（2）暖色+暖色；

（3）冷色+中间色；

（4）暖色+中间色；

（5）中间色+中间色；

（6）纯色+纯色；

（7）净色（纯色）+杂色；

（8）纯色+图案。

五、颜色搭配的禁忌

颜色搭配不恰当，即使用对了化妆色彩，看上去仍然让人感到别扭，合理的颜色搭配至关重要。服装搭配应避免以下颜色搭配：

（1）冷色+暖色；

（2）亮色+亮色；

（3）暗色+暗色；

（4）杂色+杂色；

（5）图案+图案。

六、服饰色彩的搭配方法

（1）上深下浅：端庄、大方、恬静、严肃；

（2）上浅下深：明快、活泼、开朗、自信；

（3）突出上衣时：裤装颜色要比上衣稍深；

（4）突出裤装时：上衣颜色要比裤装稍深；

（5）绿色颜色难搭配，在服装搭配中可与咖啡色搭配在一起；

（6）上衣有横向花纹时，裤装不能穿竖条纹或格子的；

（7）上衣有竖纹花型时，裤装应避开横条纹或格子的；

（8）上衣有杂色时，裤装应穿纯色；

（9）裤装是杂色时，上衣应避开杂色；

（10）上衣花型较大或复杂时，应穿纯色裤装；

（11）中间色的纯色与纯色搭配时，应辅以小饰物进行过渡。

七、服装的搭配

（一）色系的搭配

（1）暖色系 & 冷色系：红+蓝、黄+紫，此配法是对比色配色；

（2）浅色系 & 深色系：浅蓝+深蓝、粉红+铁灰，此配法是深浅配色；

（3）暖色系 & 暖色系：黄+红、黄+绿，此配法是同系配色；

（4）冷色系 & 冷色系：灰+黑、紫+黑，此配法是同系配色；

（5）明亮系 & 暗色系：白+黑，此配法是明暗配色，深浅配色与明暗配色营造出的视觉效果不同（见图 8.9）；

（6）深浅配色是一深一浅的搭配，是和谐的感观明暗配色，是明亮与黑暗的搭配，拥有强烈的感观；

（7）不同材质及色泽衣服的搭配，也会有不同的视觉效果，找出最适合自身的色系，达到视觉的和谐即可。

图 8.9　明暗色搭配

（二）总体搭配

（1）有图案的上衣不要配相同图案的衬衣和领带；

（2）有条纹或者花纹的上衣需配素色的裤子；

（3）鞋子的颜色要与衣服的色彩相协调；

（4）裤腿不能过短，否则会给人重心不稳的感觉，而且有失庄重；

（5）内外两件套穿着时，色彩最好是同色系或反差大的，搭配起来会更有味道。

空乘服装展示如图 8.10 所示。

图 8.10　空乘服装展示

八、空乘人员穿着丝袜的意义和作用

（1）职业礼仪：含蓄、正式以及对旅客的尊重。

（2）瑕疵掩饰：从某种意义上讲，丝袜会挡住皮肤上的瑕疵，增加朦胧感。

（3）形象气质：形象与气质是一家航空公司的脸面，旅客会通过空姐的服务，对航空公司产生好感。

（4）工作方便：飞机上空间狭小，部分行为动作会受到限制，穿丝袜能很好地协助机上工作开展。

（5）安全，穿上丝袜后可以减少一些对于腿部的磕碰伤害，能减少伤疤的出现，也有保温的作用。

图 8.11　深航空乘专用袜

（6）防止静脉曲张：空姐在飞机上属于长期站立且工作在高空的环境中，时间久了腿部容易出现静脉曲张，穿丝袜有助于拉住腿部肌肉，有效防止静脉曲张。

（7）公司配置：制服和丝袜都是航空公司专门定做然后配发的。夏天一般以 5D 或 10D 的肉色袜居多。如图 8.11 所示。

第四节　修饰与佩饰

空乘人员在航班服务中应保持体味清新，无烟味、酒味、葱味、蒜味等异味；所佩戴的饰品也有严格的要求。

（1）戒指：只允许佩戴一枚戒指，不能过大或夸张奇特，宽度不超过 5 毫米。如图 8.12 所示。

（2）手表：有精确的时间刻度，款式简单、大小适中，皮质表带颜色只能是黑色、棕色，金属表带为金色或银色；不得佩戴造型夸张的手表，如卡通表、时装表、运动腕表、电子手环等。如图 8.13 所示。

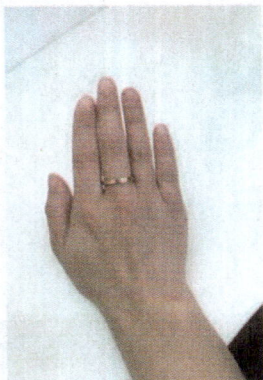

图 8.12　标准戒指佩戴

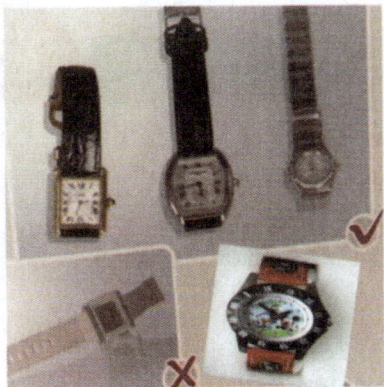

图 8.13　手表示意图

（3）耳饰：禁止佩戴垂坠式耳环或一只耳朵上两个以上的耳钉；可佩戴耳钉一副，镶嵌物直径不超过 5 毫米，或可佩戴白色单颗无镶嵌珍珠，珍珠直径不超过 8 毫米。如图 8.14 所示。

（4）项链：项链可戴一条；材质可以是黄金、白金，项链直径不超过 2 毫米；应佩戴在衬衫里面，挂坠以深弯腰时不露出衣领为限。

（5）眼镜：乘务员在航班服务中可戴隐形眼镜，不得佩戴框架眼镜。如需要，可在短时间佩戴框架花镜，以无框或细金属材质为佳，如为其他材质，须为黑色或棕色，款式简洁大方，镜框不可有装饰物；应保持镜片洁净。禁止佩戴任何彩色隐形眼镜。

图 8.14　耳饰示意图

（6）饰品：不得佩戴手镯、手链、脚链、佛珠、红色护身符等饰品。如图 8.15 所示。

图 8.15　违规佩饰

（7）执行任务时禁止戴矫三型外露牙套。

【练习题】

　　1. 简述化妆色彩中粉底色的使用方法。

　　2. 简述眼影与妆型的区别。

　　3. 简述浅肤色中唇色与肤色的搭配方法。

　　4. 简述色彩对比的几种分类。

　　5. 简述常用色彩中眼影的几种分类。

　　6. 简述服装色彩的搭配原理。

　　7. 简述服装色彩的搭配原则。

　　8. 论述服装色彩的搭配技巧。

【学习目标】
1. 掌握桃花妆的画法。
2. 掌握晚宴妆的画法。

第一节 桃花妆

桃花妆也叫作"约会妆"，眼妆和腮红为刻画的重点，运用较粉嫩、鲜艳的色泽打造出靓丽的桃花妆容。桃花妆的眼妆清新简单，选用细长的眼线即可打造出细长、水灵的双眸，两色的腮红混合涂抹在苹果肌处，打造出鲜亮好气色的妆容，这是打造桃花妆的点睛之笔。

桃花妆画法如下：

（1）首先选择补水且滋润效果好的粉底，将其点在脸颊、额头、下巴、鼻头五个区域，记住遵循少量多涂的原则。如图9.1所示。

（2）用大号粉刷将点在脸上的粉底液用平涂的方式均匀涂抹开。注意方向是从内向外涂抹。如图9.2所示。

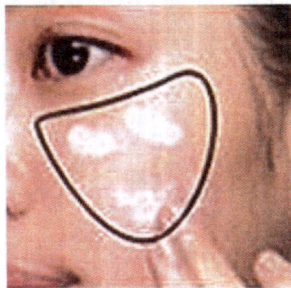

图9.1 桃花妆（1）

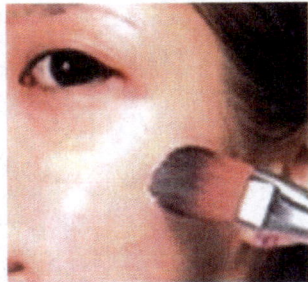

图9.2 桃花妆（2）

（3）使用遮瑕膏遮盖面部的瑕疵。如图 9.3 所示。

（4）使用粉扑用按压的方式轻轻地压皮肤，使得底妆更加均匀、持久。如图 9.4 所示。

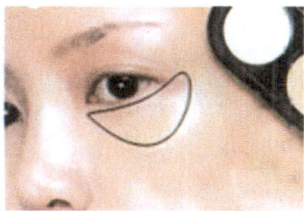

图 9.3 桃花妆（3）

图 9.4 桃花妆（4）

（5）用眉笔和眉粉画出眉形，特别是眉尾需要注意，要柔和，不要过重。如图 9.5 所示。

（6）用比毛发浅一色号的染眉膏为眉毛上色、定型，会使眉妆更持久也更自然。如图 9.6 所示。

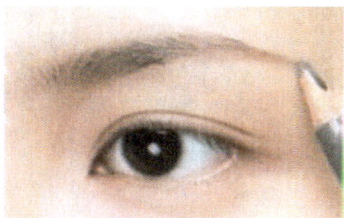

图 9.5 桃花妆（5）

图 9.6 桃花妆（6）

（7）选择粉白色调的眼影在眼窝的位置涂抹，作为打底色，同时也起到提亮的作用。如图 9.7 所示。

（8）用红棕色的眼影紧贴睫毛根部，由下向上在双眼皮的褶皱处涂抹，眼尾稍稍拉长。如图 9.8 所示。

图 9.7 桃花妆（7）

图 9.8 桃花妆（8）

（9）用粉白色调的眼影涂抹下眼睑，可勾画出卧蚕的妆效。如图 9.9 所示。

（10）选择棕色的眼线笔沿着睫毛根部画出一条细细的眼线，眼线稍微向后拉长。如图 9.10 所示。

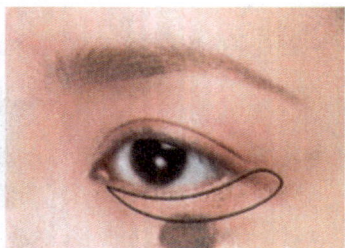

图 9.9 桃花妆（9）

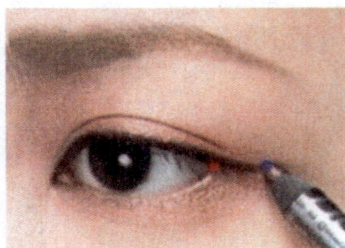

图 9.10 桃花妆（10）

（11）在下眼睑的眼尾 1/3 部分画出内眼线。如图 9.11 所示。

（12）夹翘睫毛后，选择小号睫毛刷，使用睫毛膏刷出根根分明的睫毛。如图 9.12 所示。

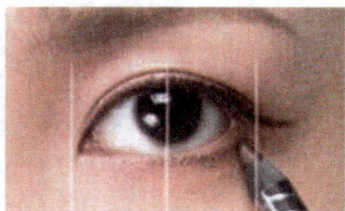

图 9.11 桃花妆（11）

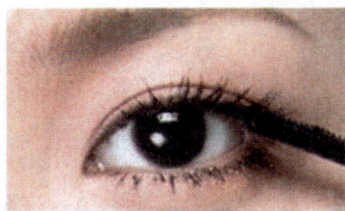

图 9.12 桃花妆（12）

（13）先用橘粉色的腮红在颧骨周围以 Z 字形画腮红，不要超过白色虚线范围。如图 9.13 所示。

（14）用粉色系的腮红在苹果肌处以画圆的手法画腮红。如图 9.14 所示。

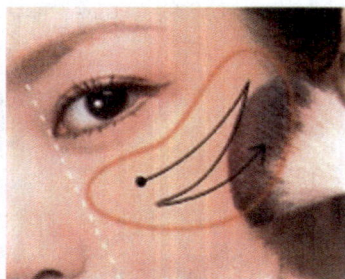

图 9.13 桃花妆（13）

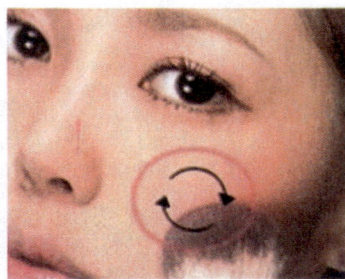

图 9.14 桃花妆（14）

（15）用遮瑕膏覆盖住原本的唇色，用唇彩涂抹唇部中间。如图 9.15 所示。

（16）用唇刷将唇彩涂抹均匀，打造出光亮、水润的双唇。如图 9.16 所示。

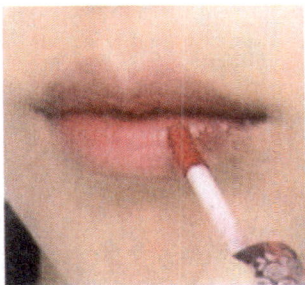

图 9.15　桃花妆（15）

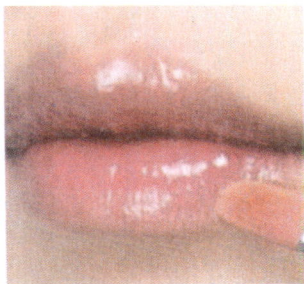

图 9.16　桃花妆（16）

桃花妆图片赏析，如图 9.17 所示。

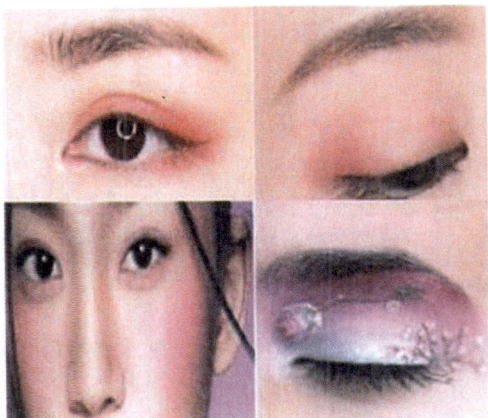

图 9.17　桃花妆局部赏析

除了以上这种很普遍但是又很实用的桃花妆画法之外，也可以借助粘贴花瓣儿等妆饰品，增强桃花妆的视觉效果。

第二节　晚宴妆

晚宴妆常用于夜晚，适用于气氛较隆重的晚会、宴会等高雅的社交场合。妆感要浓艳，对于五官的描画可适当夸张，重点突出眼妆，突出眼部的深邃感，可画烟熏妆，选择饱满性感的红唇系列，或者神秘的牛血红或者气质棕等颜色。在妆容上可依据服装的不同颜色和款式进行妆容的设计，彰显女性的高雅、妩媚的个人魅力。晚宴妆的色彩对比强烈，搭配丰富，由于环境灯光，妆面色彩比一般日妆、生活妆浓一些。如图 9.18 所示。

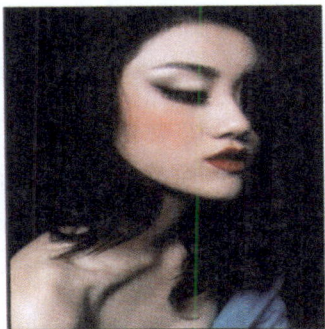

图 9.18　晚宴妆

化妆步骤如下：

1. 化妆前

洁面→搽柔肤水→搽精华→搽眼霜→搽面霜（乳液）。

2. 涂抹隔离霜

取适量隔离霜于手背，分别涂于额头、鼻尖、下巴、脸颊处，涂匀即可。如图9.19所示。

图9.19　搽隔离霜

3. 打粉底

用海绵扑或粉底刷或手，将粉底均匀地打在脸上。如图9.20所示。

4. 定妆粉（散粉）

用散粉刷或粉扑轻轻按压在脸上即可（注意：眼周一定要涂抹到位，不易晕妆）。

5. 画眼影

哑光的眼影用眼影刷涂抹，珠光眼影用眼影棒涂抹。先用高光色提亮眉弓骨及内眼角。如图9.21所示。

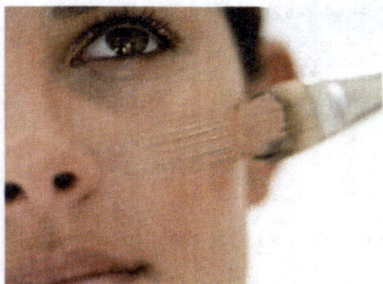

图9.20　打粉底

图9.21　画眼影

然后取适量眼影以画圈的方式从睫毛根部由外眼角向内眼角、由深到浅依次向上向前晕染，少量多次，眼影的面积取决于妆面的浓淡度（眼影的颜色可搭配服装或根据个人爱好选择）。如图9.22所示。

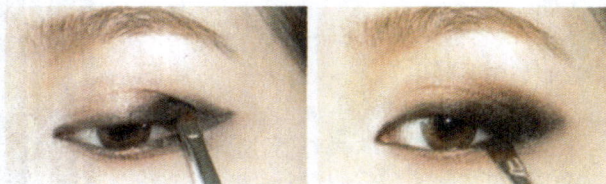

图9.22　画眼影

6. 眼线

用眼线笔（眼线液或眼线膏），从睫毛根部的眼角轻轻地往眼尾画（眼线分为内眼线和外眼线，眼线的粗细长短根据眼型矫正）。如图 9.23 所示。

7. 假睫毛

（1）先用睫毛夹以 Z 字形将自己的睫毛夹翘。

（2）然后调整假睫毛弧度，将假睫毛两端多余的线头剪掉，根据自身眼型的长度来决定假睫毛的长度。

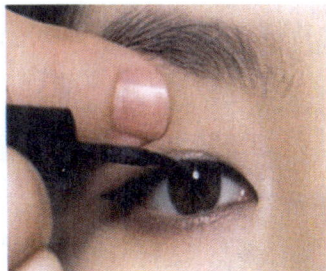

图 9.23　眼线

（3）将睫毛胶涂于假睫毛根部轻轻吹下。

（4）闭上眼睛用镊子在睫毛根部贴，先固定眼中间，之后到眼角，再到眼尾，待睫毛胶水完全干了睁开眼睛即可。

粘贴假睫毛如图 9.24 所示。

图 9.24　粘贴假睫毛

图 9.25　涂睫毛膏

（5）随后涂抹睫毛膏，将真假睫毛融合在一起。如图 9.25 所示。

（6）画眼线液（使眼部线条均匀流畅）。如图 9.26 所示。

8. 画眉毛

（1）用螺旋刷根据眉毛的生长方向轻轻地从眉头扫至眉尾。根据自身的眉毛形状用修眉刀将多余的眉毛修剪掉，然后用螺旋刷将眉毛梳理整齐，把多余长出来的眉毛剪掉（一般在妆前操作）。如图 9.27 所示。

图 9.26　补画眼线

（2）眉峰在目视前方时瞳孔黑眼球边缘的延长线上，眉尾在嘴角/鼻翼与外眼角的连接线上，眉头在鼻翼与内眼角的延长线上。

（3）用眉笔或眉粉（眉刷）根据自己的眉形走向从眉腰处轻轻往眉尾画，再从眉尾画回眉峰处，填充眉腰部分缺少的眉毛，少量多次，眉头轻轻带过即可（从眉头到眉尾的颜色是由浅到深，眉峰的高度、眉毛的宽度是根据脸型决定的）。切记，眉毛不易过浓过粗。如图 9.28 所示。

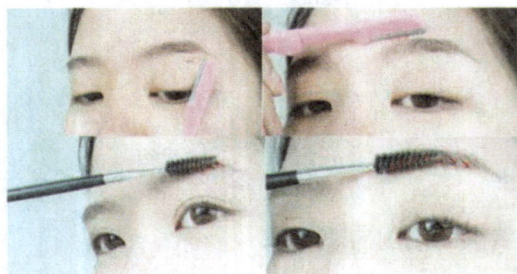

图 9.27　画眉毛

图 9.28　画眉顺序

9. 腮红

在两颊凸起的笑肌位置涂抹，也就是苹果肌的位置，以画圆的方式涂抹腮红（此方法适合标准脸型）。如图 9.29 所示。

10. 口红

用与口红相近的唇线笔勾勒出唇形（唇峰、唇谷、唇角、唇底要分明），然后用口红填充。如图 9.30 所示。

图 9.29　画腮红

图 9.30　画口红

晚宴妆图片赏析如图 9.31 所示。

图 9.31　晚宴妆图片赏析

附录　常用化妆用品一览表

常用化妆用品见附表1至附表8。

附表1　肤色系底妆一览表

项目＼类型	米白色	嫩肉色	自然色	健康色	浅棕色	深棕色
适用对象	提亮色，使肤色更明亮，脸部更立体，遮盖黑眼圈及眼袋	女性基础色，营造皮肤粉嫩效果，也可作为深肤色的提亮色	女性基础色，表现自然柔和的真实肤色	小麦色，健康时尚，可作为浅肤色女性日常淡妆的阴影色	男性基础色，女性肤色偏深者，也可作为自然肤色女性的阴影色	阴影色，用于浓妆面部结构阴影的刻画，也可塑造厚重的深肤色

附表2　彩色系底妆一览表

项目＼类型	粉红色	橘色	黄色	浅绿色	浅蓝色	紫色
适用对象	适用于抑制和遮盖苍白缺血性的皮肤，调整面色的红润感	能创造古铜健康的肤色，也可修正偏黑的肤色或发青的黑眼圈	适用于抑制和遮盖偏紫的皮肤或遮盖棕色的黑眼圈	适用于抑制和遮盖偏红的皮肤，遮盖红血丝，恢复皮肤清爽感	适用于肤色发黑或发青者，用后肤色表现健康轻盈色泽	抑制和遮盖偏黄的皮肤，使用后皮肤亮泽，白里透红

附表3　常见的两类粉饼的对比

项目＼类型	干粉饼	干湿两用粉饼
使用效果	使用后，皮肤干爽细腻，自然透明，肤色均匀，美化毛孔，但遮瑕力差，易脱妆	使用后，皮肤自然细腻，遮盖力较好，干用柔和方便，湿用滋润透明，不易脱妆
适用对象	油性皮肤，夏季化妆，简易生活妆，补妆，定妆	任何肤质，四季适用，日常生活妆，补妆
使用方法	用干海绵或粉扑直接涂抹，或用大粉刷直接刷	可用与干粉饼相同的方法，也可用微湿海绵涂抹

附表4　常用粉底液的对比

项目 \ 类型	滋润型	哑光型	不脱色型
使用效果	透明光泽，提升肤色质感，创造自然光泽	无光泽型，粉质感，有含蓄美	皮肤紧致，有清爽感，不易脱妆
适用对象	中性、干性皮肤，皱纹明显的皮肤，春秋冬季节适用	中性、油性皮肤	油性皮肤，适于夏季使用
适用方法	用手或海绵、粉底刷均匀涂抹	用手或海绵、粉底刷均匀涂抹或拍按	用前摇匀，用手或海绵、粉底刷均匀涂抹

附表5　常见的两类粉底霜、粉底膏的对比

项目 \ 类型	油质感	粉质感
使用效果	滋润而光亮，有较强的遮盖力和附着力	粉质感强，比前者遮盖力和附着力都强
适用对象	中性、干性皮肤	中性、油性皮肤
使用方法	用手或海绵均匀涂抹或拍按	用手或海绵均匀涂抹或拍按

附表6　常见蜜粉一览表

项目 \ 类型	透明蜜粉	肤色蜜粉	彩色蜜粉	荧光蜜粉
使用效果	维持粉底原色，增加皮肤透明度，使肤色自然顺滑，肤质细腻	加强粉底色，略有遮瑕效果，深色适合男妆用，也可用于女性的阴影部位定妆	与有色粉底一样，有修正、调整肤色的作用	使妆容有亮丽的珠光效果，华丽又不失青春、光彩感，有时尚气息
适用对象	较写实的妆，如，电视妆、生活妆、摄影妆	用于同色粉底的定妆，补充底色的不足	粉底修饰完仍需用浅黄、粉红、浅蓝、浅紫色等调整肤色，或搭配调色使用	用于新娘妆、晚宴妆、歌舞妆、模特妆

附表7 遮瑕产品一览表

类型 项目	液状	霜状	棒状	笔状
使用效果	质地轻薄，容易渗入肌肤，遮饰效果自然，浅色也可加强皮肤亮度	较滋润，遮饰效果较强，浅色也可加强皮肤亮度	遮饰效果比霜状强，也可当作提亮膏使用，携带方便	遮饰效果强，携带方便，使用简单
适用对象	修饰黑眼圈等面积较大部位，用于毛孔粗大部位及抚平细纹	黑眼圈等面积较大部位，面疮痕迹等较深的瑕疵	眼袋、黑斑、雀斑、痣、面疮痕迹等	黑斑、雀斑、痣、面疮痕迹等
使用方法	用指腹轻轻拍涂或点涂	用指腹、海绵轻轻按压或点涂	用手指、海绵，或小号化妆刷点涂	直接点涂

附表8 常见腮红一览表

类型 项目	粉状	膏状	液状
使用效果	质地轻薄，使用简单，易上色，与膏状配合使用，色彩固定性好，使脸更立体	油性，附着力好，延展性好，易与肤色衔接，制造出油亮妆效	水状腮红，含油量少或不含油，质感薄，快干，服帖
适用对象	油性皮肤者，比较常用于各种妆容	皮肤偏干者，浓妆，影视妆，冬季妆	皮肤偏干者
使用方法	腮红刷涂染，定妆后用	使用细孔海绵或指腹涂抹，定妆前用	使用细孔海绵或指腹涂抹，定妆前用，要控制涂抹范围

参考文献

[1] 方凤玲. 空乘化妆教程. 北京：国防工业出版社，2015.

[2] 范丛博. 化妆师. 北京：中国劳动社会保障出版社，2013.

[3] 徐秀振. 韩妆来袭——化妆. 青岛：青岛出版社，2015.

[4] 朴怡妮. 学会韩式妆 108 个秘诀. 长春：吉林科学技术出版社，2014.

[5] 乔国华. 化妆造型设计. 北京：高等教育出版社，2005.

[6] 安洋. 化妆造型技术大全. 北京：人民邮电出版社，2013.

[7] 徐新军. 中国美容美发发展简史. 北京：光明日报出版社，2007.

[8] 于西蔓. 女性个人色彩诊断. 广州：花城出版社，2006.

[9] 阿雅. 皮肤护理和美容化妆技巧. 北京：中国纺织出版社，2007.

[10] 杨建飞. 素描基础教程. 北京：中国书店出版社，2016.

[11] 文森特，基欧. 专业化妆师的技艺. 北京：中国电影出版社，2000.

[12] 颜碧君. 影视化妆造型艺术. 北京：中国电影出版社，2003.

[13] 肖林. 教你化妆技巧. 北京：中国纺织出版社，1997.

[14] 吴帆. 化妆设计. 上海：上海交通大学出版社，2004.

[15] 郭秋彤. 影视及戏剧化妆. 北京：高等教育出版社，2002.

[16] 李德权. 戏剧化妆. 北京：高等教育出版社，1990.

[17] 李秀莲. 中国化妆史概说. 北京：中国纺织出版社，2005.

[18] 周汛，高春明. 中国历代妇女妆饰. 上海：学林出版社，1997.